G000042696

Y. Présence

5859.

B.

Y f   41 42

Y· 5859
B

LES
VISIONNAIRES
COMEDIE
par le S.r Desmarets
de S.t Sorlin

A PARIS,
Chez IEAN CAMVSAT, rue S.
Iacques, a la Toison d'Or.

Auec Priuilege du Roy. 1638

LES
VISIONNAIRES.
COMEDIE.

SECONDE EDITION.

A PARIS,
Chez IEAN CAMVSAT, ruë S. Iacques,
à la Toison d'or.

M. DC. XXXIX.
AVEC PRIVILEGE DV ROY.

PERSONNAGES.

ARTABAZE, Capitan.

AMIDOR, Poëte extrauagant.

FILIDAN, Amoureux en idée.

PHALANTE, Riche imaginaire.

MELISSE, Amoureuse d'Alexandre le Grand.

HESPERIE, Qui croit que chacun l'aime.

SESTIANE, Amoureuse de la Comedie.

ALCIDON, Pere de ces trois filles,

LYSANDRE, Parent d'Alcidon.

ARGVMENT.

DANS ceſte Comedie ſont repreſentez pluſieurs ſortes d'eſprits Chimeriques ou Viſionnaires, qui ſont attaints chacun de quelque folie particuliere, mais c'eſt ſeulement de ces folies pour leſquelles on ne renferme perſonne; & tous les iours nous voyons parmy nous des eſprits ſemblables, qui penſent pour le moins d'auſſi grandes extrauagances, s'ils ne les diſent.

Le premier eſt vn Capitan, qui veut qu'on le croye fort vaillant : toutefois il eſt poltron à vn tel point, qu'il eſt reduit à craindre la fureur d'vn Poëte, laquelle il eſtime vne choſe bien redoutable ; & eſt ſi ignorant, qu'il prend toutes ſes façons de parler Poëtiques & eſtranges, pour des noms de Demons, & des paroles magiques.

Le ſecond eſt vn Poëte bizarre, ſectateur paſſionné des Poëtes Frãçois qui viuoient deuant ce ſiecle, leſquels ſembloient par leurs termes empoullez & obſcurs, auoir deſſein d'eſpouuanter le monde, eſtant ſi aueuglement amoureux de l'Antiquité, qu'ils ne conſideroient pas que ce qui eſtoit bon à dire parmy les Grecs & les Romains, imbus des diuerſes appellations de leurs Dieux, & des particularitez de leur Religion, dont les fables eſtoient le fondement, n'eſt pas ſi facilement entendu par ceux de ce temps, & qu'il faut bien adoucir ces termes quand on en a beſoin, ſoit aux allegations des fables, ou en d'autres rencontres. Celuy-cy par la lecture de ces Poëtes, s'eſt formé vn ſtile Poëtique ſi extrauagant, qu'il croit que plus il ſe releue en mots compoſez & en Hyperboles, plus il attaint la perfection de la Poëſie ; dont il fait meſme des regles à ſa mode, principalement pour les pieces de Theatre, en quoy il penſe eſtre fort habile: teſmoin vn ſubjet qu'il compoſe ſur le champ, dont l'immenſité & la confuſion font voir le defaut de ſon iugement. Il ne laiſſe pas d'auoir aſſez d'eſprit pour ſe iouër d'vn ſot qui ſe meſle d'aymer les vers ſans y rien cognoiſtre.

Le troiſieſme eſt vn de ceux dont le nombre eſt ſi grand qui ſe picquent d'aymer les vers ſans les entendre ; font des admirations ſur des choſes de neant, & paſſent ce qui eſt de meilleur ; & prennent des galimathias en termes re-

leuez pour quelques belles Sentences, & pour les plus
grands efforts de la Poësie. Ces sortes d'esprits, pourueu
que les vers semblent graues, ne manquent point de les
approuuer, sans penser seulement à les entendre. Mais il
n'y a rien de plus ordinaire que de voir ces mesmes idiots,
qui veulent faire croire qu'ils ont l'esprit sensible & delicat, & qu'ils sçauent aymer tout ce qui est beau, s'imagi-
ner comme celuy-cy, qu'ils sont amoureux, sans sçauoir
bien souuent de qui ; & sur le recit que l'on leur fait de
quelque beauté, courir les ruës, & se persuader qu'ils sont
extremement passionnez, sans auoir veu ce qu'ils ayment.

Le quatriesme est vn Riche imaginaire, dont il se trouue assez par le monde ; & de qui la folie ne paroist qu'au
cinquiesme Acte : car dans les autres il parle serieusement
de ses richesses, comme il paroist dans la description de sa
belle maison, où il ne se trouue rien d'extrauagant, &
qui ne soit imaginé selon la vray-semblance; estant vne
chose ordinaire que chacun est serieux dans sa folie.

L'Amante d'Alexandre n'est pas vne chose sans exemple; & il y a beaucoup de filles, qui par la lecture des Histoires & des Romans, se sont esprises de certains Heros,
dont elles rebattoient les oreilles à tout le monde: & pour
l'amour desquels elles mesprisoient tous les viuans.

Est-il rien de plus ordinaire que de voir des filles de l'humeur de la seconde, qui se croit estre aymée de tous ceux
qui la regardent, ou qui entendent parler d'elle, bien que
peut-estre elles ne disent pas si naïuement leurs sentimens.

Pour la troisiesme sœur, il s'en trouue beaucoup, comme elle, amoureuses de la Comedie, à present qu'elle est si
fort en regne, particulierement de celles qui se meslent
d'en iuger, d'en sçauoir les regles, d'inuenter des subjets
selon la portée de leurs esprits, tels que celuy que recite
celle-cy, dans lequel il y a plus de matiere qu'il n'en faudroit pour vingt Comedies, encore ne sçait-on que le
troisiesme Acte, & si la piece a duré desia pour le moins
trente ans: toutefois on peut voir les veritables regles,
dans l'opinion des Critiques qu'elle allegue au Poëte
pour en auoir son aduis, qui sont celles que l'on doit suiure, encore que ces deux extrauagantes personnes n'en de-
meurent pas d'accord.

Le pere de ces trois filles n'est guere plus sage qu'elles.
Il est d'vne humeur si facile, que tout homme qui se presente pour auoir en mariage l'vne de ses filles, luy semble
tousiours estre son faict : qu'vn autre vienne apres, il trouue encore que c'est ce qu'il luy faut; Et pour en accepter
trop, il s'embarrasse tellement qu'il ne sçait ce qu'il doit
faire à la fin de la piece, dont le démeslement se faict par
vn de ses parens, qui est le seul qui soit raisonnable entre
tous ces personnages.

Toutes ces folies, bien que differentes, ne sont ensemble qu'vn sujet, & pour les bien representer toutes, on ne
pouuoit pas leur donner vne liaison aussi grande que celle
qui se peut donner aux Comedies, où n'agissent que deux
ou trois principaux personnages; & l'intrigue de celle-cy
n'est qu'en l'embarrassement du bon homme qui luy est
causé par tous les gendres qu'il a acceptez : le reste n'est
soustenu que des extrauagances de ces Visionnaires qui se
meslent encore ensemble en quelque sorte, pour faire
mieux parestre ces folies les vnes pour les autres.

Quelques-vns ont voulu reprendre ceste Comedie, de ce
qu'elle n'estoit pas propre pour toutes sortes de gens, &
que ceux qui n'ont aucun sçauoir, n'en pouuoient entendre beaucoup de mots. Mais depuis quand les ignorans
sont-ils deuenus si considerables en France, que l'on doiue
tant s'interresser pour eux, & que l'on soit obligé d'auoir
soin de leur plaire? Pensez que l'on doit bien du respect, ou
à la bassesse de leur condition, ou à la dureté de leurs esprits, ou au mespris qu'ils ont faict des lettres, pour faire
que l'on songe à les diuertir! Nous ne sommes pas dans
ces Republiques, où le peuple donnoit les gouuernemens
& les charges; & où les Poëtes estoient contraints de com-
poser, ou des Tragedies horribles, pour plaire à leur goust
bizarre, ou des Comedies basses, pour s'accommoder à la
portée de leurs esprits. Ceux qui ne composent des ouurages que par vn honeste diuertissement, ne doiuent auoir
pour but que l'estime des honestes gens; & c'est à leur iugement qu'ils adressent toutes leurs inuentions & leurs pen-
sées. Le peuple a l'esprit si grossier & si extrauagant, qu'il
n'ayme que des noueautez grotesques. Il courra bien plû-
tost en foule pour voir vn monstre, que pour voir quelque

ã iij

chef-d'œuure de l'art, ou de la nature. Ie croy mefmes qu'il
y a des Poëtes, qui pour côtenter le vulgaire, font à deſſein
des pieces extrauagantes , pleines d'accidens bizarres , de
machines extraordinaires, & d'embroüillemés de Scenes,
& qui affectent des vers enflez & obfcurs, & des pointes ri-
dicules au plus fort des paſſions: Car pourueu que les acci-
dents foient eſtrãges, tout ce qui fe dit fur leur fujet, plaiſt
au peuple, & encore plus ſi c'eſt quelque penſée pointüe &
embarraſſée, car alors moins il l'entend, plus il la loüe, &
luy donne d'applaudiſſemens. Ce font des efprits fort ad-
uifez qui ne fongent qu'à ceſte vie prefente , & qui font ſi
moderez, qu'ils n'affectent point la vie future des ouurages, dont les feuls fçauans font les diſtributeurs. Mais encore ne doit-on pas treuuer eſtrange ſi ceux qui ne font
pas tenus d'auoir ces confiderations pour le peuple , & qui
ne fongent qu'à fatisfaire les premiers efprits de l'Europe,
ne cherchent que les pures delicateſſes de l'art, foit à repre-
fenter les nobles & veritables mouuemens des paſſions
dans les fujets ferieux, foit à resjoüir les fpectateurs par des
railleries gentilles & honeſtes dans les Comiques. Apres
que les perfonnes raifonnables feront fatisfaictes, il en re-
ſtera encore aſſez pour les autres, & plus qu'ils n'en meri-
tent. C'eſt ainſi qu'il arriue des feſtins qui fe font aux
Grands : apres qu'ils ont faict leur repas il n'en reſte que
trop encore pour les valets; & bien que les viandes n'ayét
pas eſté appreſtées au gouſt de ces derniers, ils ne laiſſét pas
d'en faire bonne chere; & l'on auroit tort d'accufer le cui-
finier d'vne faute ſi l'vn d'eux fe plaignoit, que l'on deuoit
auoir eu efgard à fon gouſt, pluſtoſt qu'à celuy des mai-
ſtres. Auſſi ayant introduit vn Poëte extrauagant, on ne
doit pas fe plaindre de ce qu'on le faict parler en termes
Poëtiques extrauagans ; & il importe fort peu que les
ignorans l'entendent ou non, puifque cela n'a pas eſté
appreſté pour eux. C'eſt eſtre bien defraifonnable, d'accufer d'obfcurité celuy qui dans la bouche du Poëte s'eſt voulu mocquer de l'obfcurité des anciennes Poëſies:

> *Ce n'eſt pas pour toy que i'efcris,*
> *Indocte & ſtupide vulgaire:*
> *I'efcris pour les nobles efprits.*
> *Ie ferois marry de te plaire.*

LES VISIONNAIRES.

ACTE PREMIER.

SCENE PREMIERE.

ARTABAZE.

E fuis l'amour du Ciel, & l'effroy de la
   Terre ;
L'ennemy de la paix, le foudre de la
   guerre ;
Des dames le defir, des maris la terreur :
Et je traifne auec moy le carnage & l'horreur.
Le Dieu Mars m'engendra d'vne fiere Amazone ;
Et je fuçay le laict d'vne affreufe lyonne.
On parle des trauaux d'Hercule encore enfant,
Qu'il fut de deux ferpens au berceau triomphant :
Mais me fut-il égal, puifque par vn caprice
Eftant las de teter j'eftranglay ma nourrice?
Ma mere qui trouua cet acte fans raifon,
Defirant me punir ; me prit en trahifon :
Mais ayant en horreur les actions poltronnes,
I'exterminay dés-lors toutes les Amazones.
Mon pere à cet exploict fe voulut oppofer ;
Et parant quelques coups penfoit me maiftrifer :
Mais craignant ma valeur aux Dieux mefmes funefte,
Il alla fe fauuer dans la voute celefte.
Le Soleil qui void tout, voyant que fans effort
Ie dompterois le Ciel, entreprend noftre accort :

A

De Mars en ma faueur la puiſſance il reſſerre,
Et le faict Mars du Ciel, moy celuy de la terre.
Lors pour recompenſer ce iuſte iugement,
Voyant que le Soleil couroit inceſſamment,
I'arreſtay pour jamais ſa courſe vagabonde,
Et le voulus placer dans le centre du monde:
I'ordonnay qu'en repos il nous donnaſt le jour;
Que la terre & les cieux roulaſſent à l'entour;
Et c'eſt par mon pouuoir, & par cette auanture,
Qu'en nos jours s'eſt changé l'ordre de la Nature.
Ma ſeule authorité donna ce mouuement
A l'immobile corps du plus lourd element;
De là vient le ſujet de ces grands dialogues,
Et des nouueaux aduis des plus fins Aſtrologues.
I'ay fait depuis ce temps mille combats diuers;
Et j'aurois de mortels depeuplé l'vniuers;
Mais voyant qu'à me plaire vn ſexe s'éuertuë,
I'en refais par pitié tout autant que j'en tuë.
Où ſont-ils à preſent tous ces grands Conquerans?
Ces fleaux du genre humain? ces illuſtres Tyrans?
Vn Hercule, vn Achille, vn Alexandre, vn Cyre,
Tous ceux qui des Romains augmenterent l'Empire,
Qui firent par le fer tant de monde perir?
C'eſt ma ſeule valeur qui les a fait mourir.
Où ſont les larges murs de ceſte Babylone?
Niniue, Athene, Argos, Thebe, Lacedemone,
Carthage la fameuſe, & le grand Ilion?
Et j'en pourrois nombrer encore vn million.
Ces ſuperbes citez ſont en poudre reduites;
Ie les pris par aſſaut, puis je les ay deſtruites.
Mais je ne voy rien plus qui m'oſe reſiſter:
Nul guerrier à mes yeux ne s'oſe preſenter.
Quoy donc, je ſuis oiſif? & ie ſerois ſi laſche
Que mon bras peuſt auoir tant ſoit peu de relaſche?
O Dieux! faites ſortir d'vn antre tenebreux
Quelque horrible Geant, ou quelque monſtre affreux;
S'il faut que ma valeur manque vn jour de matiere,
Ie vay faire du monde vn vaſte cimetiere.

SCENE II.

AMIDOR, ARTABAZE.

AMIDOR.

IE fors des antres noirs du mont Parnaffien,
Où le fils poil-doré du grand Saturnien,
Dans l'efprit forge-vers plante le Dithyrambe,
L'Epode, l'Antiftrophe, & le tragique Iambe.

ARTABAZE.

Quel prodige eft-ce cy ? je fuis faifi d'horreur.

AMIDOR.

Prophane, efloigne toy, j'entre dans ma fureur.
Iacch Iacch Euoé.

ARTABAZE.

La rage le poffede :
Contre les furieux la fuite eft le remede.

SCENE III.

AMIDOR.

QVE de defcriptions montent en mon cerueau,
Ainfi que les vapeurs d'vn fumeux vin nouueau!
Sus donc, reprefentons vne fefte Bacchique,
Vn orage, vn beau temps par vn vers heroïque,
Plein de mots empoullez, d'Epithetes puiffans,
Et fur tout éuitons les termes languiffans.
Desja de toutes parts i'entreuoy les brigades
De ces Dieux Cheurepieds, & des folles Menades,
Qui s'en vont celebrer le myftere Orgien
En l'honneur immortel du Pere Bromien.
Ie voy ce Cuiffe-né, fuiuy du bon Silene,
Qui du gofier exhale vne vineufe haleine ;
Et fon afne fuyant parmy les Mimallons,
Qui le bras enthyrfé courent par les vallons.
Mais où va cefte troupe ? elle s'eft égarée
Aux folitaires bords du floflottant Nerée.

Rien ne me paroiſt plus que rochers cauerneux,
I'entens de loin le bruit d'vn vent tourbillonneux.
Sacrez hoſtes des cieux, quelle horrible tempeſte,
Quel voile tenebreux encourtine ma teſte ?
Eole a déchaiſné ſes viſtes poſtillons,
Qui galoppent desja les humides ſillons.
Le Ciel porte-flambeaux d'vn noir manteau ſe couure,
Ie ne voy qu'vn eſclair qui le perce & l'entr'ouure.
Quels feux vireuoltans nous redonnent le jour ?
Mais la nuict auſſi-toſt rembrunit ce ſejour.
Ce tonnerre orageux qui menace & qui gronde,
Eſlochera bien toſt la machine du monde.
Quel eſclat, quel fracas confond les elemens ?
Iupin de l'vniuers ſappe les fondemens ;
Ce coup juſqu'à Tenare a fait vne ouuerture.
Et fera pour le moins auorter la nature.

SCENE IV.

FILIDAN. AMIDOR.

FILIDAN.

VOICY ce cher amy, cet eſprit merueilleux,
AMIDOR.
Mettons-nous à l'abry d'vn rocher ſourcilleux:
Euitons la tempeſte.
FILIDAN.
                    Ah ! ſans doute il compoſe,
Ou parle à quelque Dieu de la Metamorphoſe.
AMIDOR.
Ie voy l'adorateur de tous mes nobles vers :
Mais dont les iugemens ſont touſiours de trauers.
Tout ce qu'il n'entend pas auſſi toſt il l'admire.
Ie m'en vay l'eſprouuer ; car j'en veux vn peu rire.
Suiuons. L'orage ceſſe, & tout l'air s'eſclaircit;
Des vents briſe-vaiſſeaux l'haleine s'adoucit.
Le calme qui reuient aux ondes marinieres,
Chaſſe le paſle effroy des faces nautonnieres ;
Le nuage s'enfuit, le Ciel ſe fait plus pur,
Et joyeux ſe reueſt de ſa robe d'azur.

FILIDAN.

Oſeroit-on ſans crime, au moins ſans mille excuſes,
Vous faire abandonner l'entretien de vos Muſes ?

AMIDOR.

Filidan, laiſſe-moy dans ces diuins tranſports
Deſcrire la beauté que j'apperceus alors:
Ie m'en vay l'attraper. Vne beauté celeſte
A mes yeux eſtonnez ſoudain ſe manifeſte;
Tant de rares treſors en vn corps aſſemblez,
Me rendirent ſans voix, mes ſens furent troublez:
De mille traits perçans je reſſentis la touche.
Le coral de ſes yeux, & l'azur de ſa bouche,
L'or bruny de ſon teint, l'argent de ſes cheueux,
L'ebene de ſes dents digne de mille vœux,
Ses regards ſans arreſt, ſans nulles eſtincelles,
Ses beaux tetins longuets cachez ſous ſes aiſſelles,
Ses bras grands & menus, ainſi que des fuſeaux,
Ses deux cuiſſes ſans chair, ou pluſtoſt deux roſeaux,
La grandeur de ſes pieds, & ſa petite taille,
Liurerent à mon cœur vne horrible bataille.

FILIDAN.

Ah Dieux! qu'elle eſtoit belle! O Roy des beaux eſprits,
Vis-tu tant de beautez ? Ah ! que i'en ſuis eſpris.
Dy moy ce qu'elle fit, & contente mon ame
Qui ſent deſia pour elle vne ſecrette flame.

AMIDOR.

Inuentons vn diſcours qui n'aura point de ſens.
Elle me dit ces mots pleins de charmes puiſſans,
Fauory d'Apollon, dont la verve extatique
Anime les reſſorts d'vn ame frenetique;
Et par des viſions produit mille plaiſirs
Qui charment la vigueur des plus nobles deſirs ;
Apprends à reuerer par vn fatal augure,
De ma pudicité l'adorable figure.

FILIDAN.

O merueilleux diſcours, ô mots ſentencieux ;
Capables d'arreſter les plus audacieux,
Dieux ! qu'en toutes façons cette belle eſt charmante;
Et que ie ſens pour elle vne ardeur vehemente.
Amy, que te dit-elle encore outre cela ?

AMIDOR.

Elle me dit Adieu, puis elle s'en alla.

FILIDAN.

I'adore en mon esprit ceste beauté diuine,
Qui sans doute du ciel tire son origine.
Ie me meurs, Amidor, du desir de la voir,
Quand auray-je cet heur?

AMIDOR.

                 Peut-estre sur le soir:
Quand la brunette nuict déueloppant ses voiles,
Conduira par le ciel le grand bal des estoiles.

FILIDAN.

O merueilleux effect de ses rares beautez!
Incomparable amas de nobles qualitez!
Des-ja de liberté mon ame est dépourueuë:
Le recit m'a blessé, je mourray de sa veuë.
Prepare-toy mon cœur à mille maux diuers.

AMIDOR.

Adieu, sur ce sujet ie vay faire des vers.

FILIDAN.

Que tu m'obligeras, Amidor, ie t'en prie,
Tandis pour soulager l'excez de ma furie,
Ie m'en vais souspirer l'ardeur de mon amour,
Et toucher de pitié tous ces lieux d'alentour.

SCENE V.

FILIDAN.

O Dievx! qu'vne beauté parfaictement descrite
De desirs amoureux en nos ames excite!
Et que la Poësie a des charmes puissans
Pour gagner nos esprits & captiuer nos sens.
Par vn ordre pompeux de paroles plaisantes,
Elle rend à nos yeux les choses si presentes,
Que l'on pense en effet les cognoistre & les voir,
Et le cœur le plus dur s'en pourroit émouuoir.
C'est chose estrange aussi d'esprouuer que mon ame
Soit iusques à ce poinct susceptible de flame;

Et que le feul recit d'vne extreme beauté
Puiffe rendre à l'inftant mon efprit arrefté.
Mais quoy ? tous les matins ie me tafte & m'effaye,
Et croy fentir au cœur quelque amoureufe playe,
Sans fçauoir toutefois qui caufe ce tourment:
Si bien que quand ie fors ie m'enflamme aifément,
La premiere beauté qu'en chemin ie rencontre,
Qui de quelques attraits me vient faire la monftre,
D'vn feul de fes regards me rend outrepercé,
Et faict bien toft mourir vn cœur desja bleffé.
Mefme fi ie n'en voy comme ie les defire,
Qu'vn amy feulement s'approche pour me dire,
Ie viens de voir des yeux, ah ! c'eft pour en mourir:
Auffi toft ie me meurs, ie ne fay que courir,
Ie vay de toutes parts pour offrir ma franchife
A ces yeux inconnus dont mon ame eft éprife.
Mais iamais nul recit ne m'a fi fort touché:
I'eftois à fon difcours par l'oreille attaché;
Et mon ame auffi-toft d'vn doux charme enyurée,
S'eft à tant de beautez innocemment liurée.
O merueilleux tableau de mille doux attraits
Qu'vne Mufe en mon cœur a doucement pourtraits:
Ouurage fans pareil, agreable peinture
Du plus beau des objects qu'ait produit la nature:
Adorable copie, & dont l'original
N'eft que d'or & d'azur, d'ebene & de coral,
Et tant d'autres trefors que mon ame confufe
Admiroit au recit de cefte docte Mufe,
Dieux que ie vous cheris ! & que pour vous aymer
Ie fens de feux plaifans qui me vont confommer!
Mais, aimable beauté que i'adore en idée,
Par qui ma liberté fe treuue poffedée,
Quel bien heureux endroit de la terre ou des cieux
Ioüit du bel afpect de vos aimables yeux?
Aux traits de la pitié foyez vn peu fenfible:
Soulagez voftre amant, & vous rendez vifible:
Beauté, ie vay mourir fi ie tarde à vous voir.
Quel moyen dans mon mal d'attendre iufqu'au foir?
Ie n'en puis plus, beauté dont ie porte l'image,
Mon defir violent fe va tourner en rage:

Ie pafme, ie me meurs : O celefte beauté
En quel excez de maux m'as tu precipité?

SCENE VI.

HESPERIE, FILIDAN.

HESPERIE.

CET amant s'eft pafmé dez l'heure qu'il m'a veüe;
De quels traits, ma beauté, le ciel t'a-t-il pourueüe?
En fortant du logis ie ne puis faire vn pas
Que mes yeux auffi-toft ne caufent vn trefpas.
Pour moy ie ne fçay plus quel confeil ie dois fuiure;
Le monde va perir, fi l'on me laiffe viure,
Dieux! que ie fuis à craindre! eft-il rien fous les cieux
Au genre des hnmains plus fatal que mes yeux?
Quand ie fus mife au iour, la Nature peu fine
Penfant faire vn chef-d'œuure auançoit fa ruine.
On conteroit pluftoft les fueilles des forefts,
Les fablons de la mer, les efpics de Ceres,
Les fleurs dont au Printemps la terre fe couronne,
Les glaçons de l'Hyuer, les raifins de l'Autonne,
Et les feux qui des nuicts affiftent le flambeau,
Que le nombre d'amans que i'ay mis au tombeau.
Celuy-cy va mourir, luy rendray-ie la vie?
Ie le puis d'vn feul mot, la pitié m'y conuie.

FILIDAN.

Bel azur, beau coral, aimables qualitez.

HESPERIE.

Il n'eft pas mort encore, il refue à mes beautez.
Le dois-je fecourir? j'en ay la fantaifie.
Mais ceux qui me verroient, mourroient de jaloufie.
Que mon fort eft cruel! je ne fay que du mal;
Et ne puis faire vn bien fans tuer vn riual,
Ie ne puis ouurir l'œil fans faire vne bleffure,
Ny faire vn pas fans voir vne ame à la torture.
Si fuyant ces malheurs ie rentre en la maifon,
Ceux qui feruent chez nous tombent en pafmoifon,
Ils cedent aux rigeurs d'vne flame contrainte,
Et tremblent deuant moy de refpect & de crainte.

Ils ne sçauroient me voir sinon en m'adorant,
Ny me dire vn seul mot sinon en souspirant.
Ils baissent aussi-tost leur amoureuse bouche,
Pour donner vn baiser aux choses que ie touche,
Toutesfois ma beauté les sçait si bien rauir,
Qu'ils s'estiment dés Roys dans l'heur de me seruir.
A table ie redoute vn breuuage de charmes;
Ou qu'vn d'eux ne me donne à boire de ses larmes.
Ie crains que quelqu'amant n'ait auant son trespas
Ordonné que son cœur seruit à mes repas.
Souuent sur ce penser en mangeant ie frissonne:
Croyant qu'on le déguise , & qu'on me l'assaisonne:
Pour mettre dans mon sein par ce trait deceuant,
Au moins apres la mort ce qu'il ne pût viuant.
Les amans sont bien fins au plus fort de leur rage,
Et sont ingenieux mesmes à leur dommage.
On dresse pour m'auoir cent pieges tous les iours.
Mon pere aussi me veille , & craint tous ces amours
Glorieux de m'auoir aux Dieux il se compare,
Et quelquesfois rauy d'vn miracle si rare,
Doute s'il me fit naistre , ou si ie vins des cieux.
Dans la maison sens cesse on a sur moy les yeux,
Luy plain d'estonnement , mes sœurs pleines d'enuie,
Les autres pleins d'amour , belle , mais triste vie!
Vne beauté si grande est elle à desirer ?
Mais i'apperçoy mon pere, il me faut retirer.

SCENE VII.

LYSANDRE. ALCIDON. FILIDAN.

LYSANDRE.

Il est vray qu'il est temps de penser à vos filles.
Elles sont toutes trois vertueuses , gentilles,
D'aage à les marier , puis vous auez du bien;
Ne differez donc plus, la garde n'en vaut rien.

ALCIDON.

Lysandre , il est certain : mais pour choisir vn gendre,
Il s'en presente tant , qu'on ne sçait lequel prendre.

A v

Puis ie suis d'vne humeur que tout peut contenter.
Pas vn d'eux à mon gré ne se doit rejetter.
S'il est vieux il rendra sa famille opulente ;
S'il est ieune, ma fille en sera plus contente ;
S'il est beau, ie dis lors, beauté n'a point de prix ;
S'il a de la laideur , la nuiſt tous chats sont gris;
S'il est gay , qu'il pourra réjoüir ma vieilleſſe :
Et s'il est serieux , qu'il a de la sageſſe ;
S'il est courtois , ſans doute il vient d'vn noble sang;
S'il est presomptueux , il ſçait tenir ſon rang;
S'il est entreprenant, c'est qu'il a du courage;
S'il se tient à couuert , il redoute l'orage ;
S'il est prompt, on perd tout souuent pour differer ;
S'il est lent , pour bien faire il faut considerer ,
S'il reuere les Dieux , ils luy seront prosperes;
S'il trompe pour gagner, il fera ses affaires ;
En fin quelque party qui s'ose presenter,
Touſiours je treuue en luy dequoy me contenter.

LYSANDRE.

Que sert donc, Alcidon, vne plus longue attente,
Si vous trouuez par tout quelqu'vn qui vous contente?

ALCIDON.

Quand ie choisis vn gendre , vn qui va suruenir
Me plaiſt, & du premier m'oſte le souuenir;
Si pour s'offrir à moy quelque troiſieſme arriue,
Ie trouue quelque chose en luy qui me captiue.

LYSANDRE.

Mais pour en bien juger , & pour faire vn bon choix,
Il faut dans la balance en mettre deux ou trois;
Ceux de qui le talent plus solide vous semble,
Les peser meurement , les comparer ensemble.

ALCIDON.

C'eſt ce que je ne puis; que sert de le nier?
Ie conclus sans faillir touſiours pour le dernier.

LYSANDRE.

Voſtre esprit est estrange.

FILIDAN.

Objet de mon martyre.

ALCIDON.

Dieux ! qu'est-ce que j'entens?

LYSANDRE.
Quelque Amant qui souspire.
ALCIDON.
Sa prunelle mourante à peine void le iour.
FILIDAN.
Est-ce toy, cher amy, pere de mon amour?
ALCIDON.
Sans doute il est espris de l'vne de mes filles.
FILIDAN.
Merueille de nos iours, Astre luisant qui brilles
Dans le Ciel des beautez, vien te monstrer à moy:
Regarde si ie manque ou d'ardeur ou de foy:
Fay toy voir à mes yeux, vien soulager ma peine:
Que te sert d'affecter le tiltre d'inhumaine?
Pren pitié de mon mal, tu ne l'ignores pas,
Les Dieux n'ignorent rien, du moins voy mon trespas:
Doutes tu de mes feux? apprens les de ma bouche.
ALCIDON.
Lysandre, en verité sa passion me touche.
Son amour m'a rendu tout saisi de pitié.
Aussi n'est-il rien tel qu'vne belle amitié.
LYSANDRE.
Il est desja vaincu.
ALCIDON.
I'aymerois mieux vn gendre
Qui cherist sa moitié d'vne amour assi tendre,
Qu'vn qui possederoit les plus riches tresors,
Et toutes les beautez de l'esprit & du corps.
Le sçauoir & les biens, sans la flame amoureuse,
Ne peurent iamais rendre vne alliance heureuse.
FILIDAN.
Cessez, mes chers amis de flatter mon malheur:
Ou bien de quelque espoir soulagez ma douleur.
ALCIDON.
Consolez vous, mon fils, ayez bonne esperance,
Ie veux recompenser ceste rare constance.
I'entreprens de guerir vos desirs enflammez,
Vous aurez aujourd'huy celle que vous aimez.
FILIDAN.
Puis-je obtenir de vous le bon-heur que i'espere?

A-vj

Ah ! ie vous nommeray mon falut & mon pere.

ALCIDON.

Croyez que dans ce foir ie vous rendray content.

LYSANDRE.

Quand vn autre viendra vous en direz autant.

ALCIDON.

Ie veux dedans ce iour, fans prédre vn plus long terme,
Choifir ceux qu'il me faut, d'vne volonté ferme.

LYSANDRE.

C'eft beaucoup pour vn iour.

FILIDAN.

Me la ferez vous voir ?

ALCIDON.

Ouy, prenez bon courage. Adieu iufqu'à ce foir.

FILIDAN.

Que ce retardement pour voir ces diuins charmes,
Me doit coufter encor de foufpirs & de larmes.

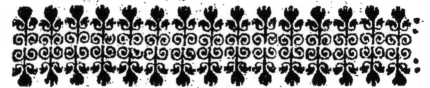

ACTE SECOND.
SCENE PREMIERE.
PHALANTE. MELISSE.

PHALANTE.

IGOVREVSE Meliſſe, à qui reſeruez vous
Ce cœur ſi plein d'orgueil, ſi remply de courroux ?

MELISSE.
Phalante, à nul de ceux que l'on void ſur là terre.

PHALANTE.
Voulez vous à l'Amour touſiours faire la guerre?

MELISSE.
Non, mais quand ie verrois le plus beau des humains,
Il ne peut en m'aimant auoir que des deſdains.

PHALANTE.
D'où vous vient ceſte humeur ?

MELISSE.
    Ie veux bien vous l'apprendre,
Apres ce que j'ay leu de ce grand Alexandre,
Ce Dieu de la valeur, vainqueur de l'Vniuers,
Qui dans ſi peu de temps fit tant d'exploicts diuers,
Beau, courtois, liberal, adroit, ſçauant & ſage,
Qui treuua tout danger moindre que ſon courage,
Qui borna ſon Empire où commence le jour,
Ie ne puis rien treuuer digne de mon amour,
C'eſt luy dont le merite a captiué mon ame,
C'eſt luy pour qui ie ſens vne amoureuſe flame,
Et doit-on s'eſtonner ſi ce puiſſant vainqueur
Ayant dompté la terre, a ſceu dompter mon cœur.

PHALANTE.
Mais c'est vne chimere où vostre amour se fonde:
Car que vous sert d'aymer ce qui n'est plus au monde?

MELISSE.
Nommer vne chimere vn Heros indompté?
O Dieux ! puis-je souffrir ceste temerité ?

PHALANTE.
Melisse mon desir, n'entrez pas en colere,
Mais au moins dittes moy, comment se peut-il faire
D'aimer vn inconnu, que vous ne pouuez voir,
Et dont se peut l'idée à peine conceuoir?

MELISSE.
Appeller inconnu, celuy de qui l'histoire
A descrit les beaux faicts tous rayonnans de gloire,
De qui la renommée épanduë en tous lieux
Couvre toute la terre, & s'estend iusqu'aux cieux?
Ce manque de raison n'est pas comprehensible.

PHALANTE.
Mais i'appelle inconnu ce qui n'est pas visible.

MELISSE.
Ie le cognois assez, ie le voy tous les iours,
Ie luy rends mes deuoirs, & luy dis mes amours.

PHALANTE.
Quoy ? vous parlez à luy ?

MELISSE.
             Ie parle à son image,
Qui garde tous les traits de son charmant visage.

PHALANTE.
Vne image à mon gré ne charme point les yeux.

MELISSE.
Toutefois en image on adore les Dieux.

PHALANTE.
Où l'auez vous treuuée?

MELISSE.
           Vn tome de Plutarque
M'a fourny le portraict de ce diuin Monarque,
Et pour le mieux cherir ie le porte en mon sein.

PHALANTE.
Quittez, belle, quittez cest estrange dessein.

Ce vaillant Alexandre , agreable Melisse,
N'a plus aucun pouuoir de vous rendre seruice.
MELISSE.
Quoy? pour mon seruiteur voudrois-je vn si grãd Roy?
De qui tout l'vniuers a reueré la loy?
Phalante, il estoit né pour commander au monde.
PHALANTE.
Vous aimez d'vne amour qui n'a point de seconde.
Mais vous feriez bien mieux de choisir vn amant
Qui pourroit en effet vous cherir constamment;
Vn homme comme moy , dont l'extresme richesse
Peut de mille plaisirs combler vostre jeunesse.
MELISSE.
Pensez vous par ce charme abuser mes esprits?
Quittez ce vain espoir, i'ay vos biens à mespris.
Osez vous comparer quelque pauure heritage,
Quelque champ malheureux qui vous vint en partage,
Aux tresors infinis de ce grand Conquerant?
Qui prodiguoit les biens du pays odorant,
De la Perse, & de l'Inde, & souuent à des Princes
Comme presens legers a donné des prouinces?
PHALANTE.
Mais où sont ces tresors ? les auez vous icy?
MELISSE.
Comme il les mesprisoit, ie les mesprise aussi.
PHALANTE.
Ie perds icy le temps, elle est preoccupée
Par ceste folle amour dont sa teste est frappée.
Ie vay voir ses parens , ils me receuront mieux :
Mes grands biens me rendront agreable à leurs yeux.
De la guerir sans eux ie n'ose l'entreprendre.
Adieu iusqu'au reuoir, l'amante d'Alexandre.
MELISSE.
Adieu mortel chetif , qui t'oses comparer
A ce vaillant Heros que tu dois adorer.

SCENE II.

HESPERIE. MELISSE.

HESPERIE.

MA Sœur, dittes le vray, que vous difoit Phalante?

MELISSE.

Il me parloit d'amour.

HESPERIE.

          O la rufe excellente!
Donc il s'adreffe à vous, n'ofant pas m'aborder ;
Pour vous donner le foin de me perfuader?

MELISSE.

Ne flattez point, ma fœur, voftre efprit de la forte,
Phalante me parloit de l'amour qu'il me porte:
Que fi ie veux flechir mon cœur trop rigoureux,
Ses biens me pourront mettre en vn eftat heureux,
Mais quoy? iugez, ma fœur, quel confeil ie dois prédre,
Et fi ie puis l'aimer, aimant vn Alexandre.

HESPERIE.

Vous penfez m'abufer d'vn entretien m'occqueur,
Pour prendre mieux le temps de le mettre en mó cœur:
Mais, ma fœur, croyez moy, n'en prenez point la peine.
En vain vous me direz que ie fuis inhumaine:
Que je dois par pitié foulager fes amours:
Cent fois le jour j'entens de femblables difcours,
Ie fuis de mille amans fans ceffe importunée ;
Et croy qu'à ce tourment le ciel m'a deftinée.
L'on me vient rapporter, Lyfis s'en va mourir:
D'vn regard pour le moins venez le fecourir:
Eurylas s'eft plongé dans la melancholie.
L'amour de Licidas s'eft tournée en folie.
Periandre a deffein de vous faire enleuer.
Vne flotte d'amans vient de vous arriuer.
Si Corylas n'en meurt il fera bien malade.
Vn Roy pour vous auoit enuoye vne ambaffade.
Thirfis vous idolatre & vous dreffe vn autel.
C'eft pour vous ce matin que s'eft faict vn duel.

Aussi de mon pourtraict chacun veut la copie.
C'est pour moy qu'est venu le Roy d'Ethiopie.
Hier j'en blessay trois d'vn regard innocent.
D'vn autre plus cruel i'en fis mourir vn cent.
Ie sens, quand on me parle, vne haleine de flame.
Ceux qui n'osent parler m'adorent en leur ame.
Mille viennent par iour se sousmettre à ma loy,
Ie sens tousiours des cœurs voler autour de moy.
Sans cesse des souspits, sifflent à mes oreilles.
Mille vœux élancez m'entourent comme abeilles.
Les pleurs pres de mes pieds courent comme torrens.
Tousiours je pense oüir la plainte des mourans ;
Vn regret, vn sanglot, vne voix languissante,
Vn cry desesperé d'vne douleur pressante,
Vn ie brusle d'amour, vn helas ie me meurs:
La nuict ie n'en dors point, ie n'entends que clameurs
Qui d'vn trait de pieté s'efforcent de m'atteindre:
Voyez, ma chere sœur, suis-je pas bien à plaindre?

MELISSE.

Il faut vous détromper : il n'en est pas ainsi.
Ce nouuel amoureux qui me parloit icy,
Qui se promet de rendre vne fille opulente.

HESPERIE.

Quoy? voulez-vous encor me parler de Phalante?
Que vous estes cruelle.

MELISSE.

              Escoutez vn moment
Ie veux vous annoncer que ce nouuel amant.

HESPERIE,

Ah! bons Dieux que d'amans! qu'vn peu ie me repose?
N'entendray-ie iamais discourir d'autre chose?

MELISSE.

Mais laissez moy donc dire.

HESPERIE.

              Ah! Dieux quelle pitié!
Si vous auez pour moy tant soit peu d'amitié ;
Ne parlons plus d'amour, souffrez que ie respire.

MELISSE.

Vous ignorez, ma sœur, ce que ie vous veux dire.

HESPERIE.

Ie sçay tous les discours de tous ces amoureux.
Qu'il brusle, qu'il se meurt, qu'il est tout langoureux,
Que iamais d'vn tel coup ame ne fut attainte,
Que pour auoir secours il vous quict sa plainte,
Que vous me suppliez d'auoir pitié de luy,
Et qu'au moins d'vn regard i'allege son ennuy.

MELISSE.

Ce n'est point tout cela.

HESPERIE.

Quelque chose de mesme,

MELISSE.

Qu'il ne vo⁹ aime point,mais que c'est moy qu'il aime.

HESPERIE.

Ah! ma sœur, qu'elle ruse afin de m'attraper?

MELISSE.

Comment par ce discours pourrois-je vous tromper?

HESPERIE.

Par ceste habileté vous pensez me seduire;
Et dessous vostre nom me conter son martyre.

SCENE III.

SESTIANE. MELISSE. HESPERIE.

SESTIANE.

QVELS sont vos differens? les pourroit-on sçauoir?

MELISSE.

Vous sçaurez que Phalante estoit venu me voir,
Il m'a parlé d'amour, & ma sœur trop credule
Dit que c'estoit pour elle, & que ie dissimule.

HESPERIE.

Que vous sert de parler contre la verité?
Et de chercher pour luy ceste subtilité?

MELISSE.

Vous aimez vostre erreur quelque chose qu'on die.

SESTIANE.

Vraiment c'est vn sujet pour vne Comedie:
Et si l'on le donnoit aux esprits d'à present,
Ie pense que l'intrigue en seroit bien plaisant.

Sonuent ces beaux esprits ont faute de matiere.

MELISSE.

Mais pourroit-il fournir pour vne piece entiere?

SESTIANE.

Il ne faudroit qu'y coudre vn morceau de Romant,
Ou trouuer dans l'histoire vn bel euenement,
Pour rendre de tout poinct ceste piece remplie,
Afin qu'elle eust l'honneur de parestre accomplie.

MELISSE,

Qui voudroit annoblir le theatre François,
Et former vne piece auec toutes ses loix,
Diuine, magnifique, il faudroit entreprendre
D'assembler en vn iour tous les faicts d'Alexandre.

SESTIANE.

Vous verriez cent combats auec trop peu d'amour,
Ie me moque pour moy de la regle d'vn iour,

HESPERIE.

On feroit de ma vie vne piece admirable,
S'il faut beaucoup d'amour pour la rendre agreable.
Car vous autres, iugez, qui sçauez les Romans,
Si la belle Angelique eut iamais tant d'amans.

SESTIANE.

Voicy ce bel esprit dont la veine est hardie.
Nous pourrons auec luy parler de Comedie.

SCENE IV.

SESTIANE. AMIDOR. MELISSE. HESPERIE.

SESTIANE.

I'Ay ce matin appris vn nouueau compliment,
Laissez moy repartir ;

AMIDOR,

                 Ie saluë humblement
L'honneur des triples sœurs, les trois belles Charites.

SESTIANE.

Nous mettons nos beautez aux pieds de vos merites.

AMIDOR.

Dequoy s'entretenoit vostre esprit aime-Vers ?

SETIANE.
Nous difcourions icy fur des fujets diuers.
MELISSE.
Nous parlions des exploicts du vaillant Alexandre.
AMIDOR.
Ce grand Roy qui cent Rois enfanta de fa cendre?
Cet enfant putatif du grand Dieu foudroyant ?
Ce torrent de la guerre, orgueilleux, ondoyant?
Ce Mars plus redouté que cent mille tempeftes?
Ce bras qui ftacafla cent millions de teftes?
MELISSE.
Ie vous aime, Amidor, de le loüer ainfi.
HESPERIE.
Sçauez-vous vn fujet dont nous parlions auffi.
D'vne dont la beauté peut aifément pretendre
D'auoir plus de captifs que n'en fit Alexandre.
AMIDOR.
Donc ie la nommerois Cyprine donte cœur,
Qui d'vn trait doux-poignant fubtilement vainqueur,
Et du poifon fucré d'vne friande œillade
Rendroit des regardans la poitrine malade.
HESPERIE.
Iugez en verité, laquelle eft-ce de nous?
AMIDOR.
Ie ne puis, fans de deux encourir le courroux.
Pour vn tel iugement le beau pafteur de Troye
Aux Argiues flambeaux donna fa ville en proye.
Il ne faut point juger des grandes deïtez.
Ie puis nommer ainfi vos celeftes beautez.
SESTIANE.
O Dieux ! qu'il a d'efprit, mais il faut que ie die
Que nous parlions auffi touchant la Comedie :
Car c'eft ma paffion.
AMIDOR.
　　　　　　C'eft le charme du temps:
Mais le nombre eft petit des autheurs importans
Qui fçachent entonner vn carme magnifique,
Pour faire bien valoir le cothurne tragique.
Pour moy ie fens ma verue aimer les grands fujects.
Ie cede le Comique à ces efprits abjects.

Ces Muses sans vigueur qui s'efforcent de plaire
Au grossier appetit d'vne ame populaire:
Puis ie voy qu'vn intrigue embroüille le ceruecau.
On trouue rarement quelque sujet nouueau:
Il faut les inuenter ; & c'est là l'impossible,
C'est tenter sur Neptune vn naufrage visible.
Mais vn esprit hardy ; sçauant & vigoureux ,
D'vn tragique accident est tousiours amoureux ,
Et sans auoir recours à l'onde Aganippide ,
Il puise dans Sophocle , ou dedans Eurypide.

SESTIANE.

Toutefois le Comique estant bien inuenté ,
Peut estre rauissant quand il est bien traitté.
Dittes, approuuez-vous ces regles de critiques,
Dont ils ont pour garands tous les autheurs antiques ,
Cette vnité de iour , de scene , d'action ?

AMIDOR.

Cette seuerité n'est qu'vne illusion.
Pourquoy s'assujettir aux crotesques chimeres
De ces emmaillottez dans leurs regles austeres?
Qui n'osent de Phebus attendre le retour,
Et n'aiment que des fleurs qui ne durent qu'vn iour?
Il faudroit tout quitter ; car en traitant les fables,
Ou certains accidens d'histoires veritables ,
Comment representer en obseruant ces loix,
Vn sujet en vn iour qui se passe en vn mois ?
Comment feta-t-on voir en vne mesme Scene,
La ville de Corynthe auec celle d'Athene?
Pour la troisiesme loy , la belle inuention !
Il ne faudroit qu'vn acte auec vne action.

SESTIANE.

Toutefois ces esprits critiques , & seueres,
Ont leurs raisons à part qui ne sont pas legeres.
Qu'il faut poser le iour , le lieu qu'on veut choisir.
Ce qui vous interrompt oste tout le plaisir:
Tout changement destruit cette agreable Idée,
Et le fil delicat dont vostre ame est guidée.
Si l'on void qu'vn sujet se passe en plus d'vn iour,
L'autheur, dit-on alors, ma fait vn mauuais tour,

Il m'a fait fans dormir paffer des nuits entieres,
Excufez le pauure homme, il a trop de matieres.
L'efprit eft feparé : le plaifir dit Adieu.
De mefme arriue-t-il fi l'on change de lieu.
On fe plaint de l'autheur : il m'a fait vn outrage,
Ie penfois eftre à Rome, il m'enleue à Carthage.
Vous auez beau chanter, & titer le rideau:
Vous ne m'y trompez pas, ie n'ay point paffé l'eau.
Ils defirent auffi que d'vne haleine égale
On traitte fans deftour l'action principale.
En meflant deux fujets,l'vn pour l'autre nous fuit,
Comme on void s'efchapper deux lieues que l'on fuit.
Ce font là leurs raifons, fi i'ay bonne memoire.
Ie me rapporte à vous de ce qu'on en doit croire.

AMIDOR.

L'efprit auec ces loix n'embraffe rien de grand.
La diuerfité plaift, c'eft ce qui nous furprend
Dans vn mefme fujet cent beautez amaffées,
Fourniffent vn effain de diuerfes penfées.
Par exemple, vn Riual fur l'humide element
Qui rauit vne Infante aux yeux de fon amant:
Vn pere en fon palais qui regrette fa perte :
La belle qui foufpire en vne ifle deferte :
L'Amant en terre ferme, au plus profond d'vn bois,
Qui conte fa douleur d'vne mourante voix :
Puis arme cent vaiffeaux , deliure fa Princeffe ,
Et triomphant rameine & Riual & Maiftreffe:
Cependant le Roy meurt, on le met au tombeau,
Et ce mal-heur s'apprend au fortir du vaiffeau:
Le Royaume eft vacquant , la Prouince eft troublée,
Des plus grands du pays la troupe eft affemblée,
La difcorde eft entr'eux , tout bruit dans le Palais,
La Princeffe furuient,qui les remet en paix,
Et reffuyant fes yeux comme Reine elle ordonne
Que fon fidele amant obtienne la Couronne:
Voyez fi cet amas de grands euenemens,
Capables d'employer les plus beaux ornemens,
Trois voyages fur mer , les combats d'vne guerre,
Vn Roy mort de regret que l'on a mis en terre,

Vn retour au pays, l'appareil d'vn tombeau,
Les Estats assemblez pour faire vn Roy nouueau,
Et la Princesse en deüil qui les y vient surprendre,
En vn iour, en vn lieu, se pourroient bien estendre?
Voudriez-vous perdre vn seul de ces riches objects?

SESTIANE.

Vous n'auriez autrement que fort peu de sujects.
Ie veux vous en dire vn que vous pourriez bien faire.

AMIDOR.

Dittes, ie l'entreprens s'il à l'heur de me plaire.

SESTIANE.

On expose vn enfant dans vn bois escarté,
Qui par vne tygresse est vn temps alaitté:
La tygresse s'esloigne, on la blesse à la chasse,
Elle perd tout son sang, on la suit à la trace,
On la treuue, & l'enfant que l'on apporte au Roy,
Beau, d'vn fixe regard, incapable d'effroy.
Le Roy l'aime, il l'esleüe, il en faict ses delices,
On le void reüssir en tous ses exercices.
Voila le premier acte : & dans l'autre suiuant
Il s'eschappe, & se met à la mercy du vent:
Il aborde en vne isle, où l'on faisoit la guerre :
Au milieu d'vn combat il vient comme vn tonnerre:
Prend le foible party, releue son espoir :
Vn Roy luy doit son sceptre, & desire le voir:
Il veut en sa faueur partager sa couronne :
Sa fille en le voyant à l'amour s'abandonne :
Vn horrible Geant du contraire party
Faict semer vn cartel, il en est aduerty,
Il se presente au champ, il se bat, il le tuë ;
Voila des ennemis la fortune abbatuë.
En fin dedans cet acte, il faudroit de beaux vers
Pour dire ses amours & ses combats diuers.

AMIDOR.

Ce subject est fort beau, graue-doux, magnifique;
Et si ie le comprens, il est tragicomique.

SESTIANE.

La Princesse en l'autre acte, auec son cher amant
Se trouue au fonds d'vn bois.

AMIDOR.

Nommez-le Lifimant,
La Princeffe, Cloris, pour plus d'intelligence.

SESTIANE.

Cloris donc en ce bois cede à fa violence:
Elle en a deux gemeaux qu'elle efleue en fecret.

MELISSE.

Ma fœur, voicy mon pere.

SESTIANE.

Ah! que i'ay de regret:
C'eftoit là le plus beau.

AMIDOR.

Sa rencontre eft molefte.

SESTIANE.

Quelque iour, Amidor, ie vous diray le refte.

SCENE V.

ALCIDON. SESTIANE.

ALCIDON.

IE vous chetchois par tout, mes filles, qu'eft-ce cy?
Dieux! quelle liberté? retitez-vous d'icy.
Ce n'eft pas voftre faict de parler à des hommes.

SESTIANE.

Au moins remarquez biẽ l'endroit où nous en fommes.

ALCIDON.

C'eft à moy de les voir, & d'en faire le chois,
Allez, ie veux-bien toft vous pouruoir toutes trois.

SCENE VI.

AMIDOR. ALCIDON.

AMIDOR.

IL faut faire l'amant de l'vne de ces belles,

ALCIDON.

Eft-ce que vous ayez quelque deffein pour elles?

AMIDOR.

AMIDOR.
Ce mont si merueilleux en Sicile placé,
Sous qui gemit le corps d'Encelade oppressé,
Vomissant des brasiers de sa brûlante gorge,
Ce tombeau d'Empedocle, où Vulcan fait sa forge,
Où Bronte le nerueux, cet enfumé demon,
Trauaille auec Sterope, & le nud Pyracmon,
Dans son ventre ensouffré n'eut iamais tant de flame,
Qu'vne de ces beautez en versa dans mon ame.

ALCIDON.
Que cet homme est sçauant dedans l'antiquité!
Il sçait mesler la fable auec la verité:
Il cognoist les secrets de la Philosophie;
Et mesme est entendu dans la Cosmographie.
Vous estes amoureux? & qu'est-ce que l'amour?

AMIDOR.
C'est ce Dieu genitif, par qui l'on void le iour,
Qui perça l'embarras de la masse premiere,
Desbroüilla le chaos, fit sortir la lumiere,
Ordonna le manoir à chacun element,
Aux globes azurins donna le mouuement,
Remplit les vegetaux de semence feconde,
Et par les embrions eternisa le monde.

ALCIDON.
Son esprit me rauit, son sçauoir me confond.
O dieux! qu'il est subtil, & solide, & profond,
Ie ne voy rien si beau qu'vn sçauoir admirable,
C'est vn riche tresor à tous biens preferable:
C'est vn flambeau diuin que l'on doit respecter.
Allez, ie vous estime, & vous veux contenter.
Venez icy ce soir, ie vous donne ma fille.
Vous serez quelque iour l'honneur de ma famille.

AMIDOR.
Adieu, grand producteur de trois rares beautez,
Le Ciel donne à vos iours mille felicitez.
Clothon d'or & de soye en compose la trame,
Et la fiere Atropos de long temps ne l'entame.

B

ACTE TROISIESME.
SCENE PREMIERE.

FILIDAN, ARTABAZE.

FILIDAN.

QVAND te pourray-je voir, ô beauté que
i'a dore ?
Helas ! que ce defir me pique & me deuore !

ARTABAZE.

Pauure homme, ie t'entens fans cefle foûpirer.
Tu ne fais que te plaindre & te defefperer.
Ie fuis l'effroy de ceux qui femblent redoutables,
Mais fçache que ie fuis l'efpoir des miferables.
Eft-ce quelque tyran qui triomphe de toy?
Et qui te faict feruir fous fon injufte loy?
Iupiter dans les cieux peut garder fon tonnerre :
Ie domte ces marauts & j'en purge la terre.
Eft-ce quelque brigand qui t'emporte ton bien?
Quelque part qu'il fe cache, il ne luy fert de rien.
I'efcalade les monts, ie defcens aux abyfmes,
Il n'eft point contre moy d'azyle pour les crimes,

FILIDAN.

Ce n'eft point ma douleur.

ARTABAZE.

Quelque accident fatal
T'a-t-il fait exiler de ton pays natal?
Ie veux te redonner la grace de ton Prince,
O u mon jufte courroux deftruira fa prouince.

FILIDAN.

Ce n'est point là mon mal, mes ennuis sont plus grãds.

ARTABAZE.

Regrettes-tu quelqu'vn de tes plus chers parens?
Si c'est qu'apres sa mort il te fasche de viure.
Ie vay iusqu'aux enfers & ie te le deliure.

FILIDAN.

Ma douleur est bien autre, ô merueilleux vainqueur.

ARTABAZE.

Est-ce vne maladie?

FILIDAN.

Oüy qui me tient au cœur.

ARTABAZE.

C'est vne maladie ? ah ! qu'elle est attrapée.
I'extermine les maux du vent de mon espée.
Mais il faut en vser en diuerses façons,
Ou feindre vne estocade , ou des estramaçons,
Selon les maux diuers.

FILIDAN.

Ce pouuoir est estrange.

ARTABAZE.

Quel est donc vostre mal?

FILIDAN.

Mon mal vient d'vn meslange
D'ebene , d'or, d'argent, d'azur & de coral.

ARTABAZE.

Tout cela pris en poudre a causé vostre mal.
N'auoit-on point meslé quelque ius de racine
Pour donner le passage à ceste medecine ?

FILIDAN.

Helas ! Roy des vaillans , vous ne m'entendez pas.

ARTABAZE.

Ce titre me plaist fort.

FILIDAN.

Ie suis pres du trespas,
Pour vn philtre amoureux que j'ay pris par l'oreille.

ARTABAZE.

Vrayement vous me contez vne estrange merueille,
Vn philtre par l'oreille ?

FILIDAN,
                Escoutez moy, bons Dieux,
l'entends vn doux recit du coral de deux yeux,
De l'azur d'vne bouche.

ARTABAZE.
                Ah Dieux! il me fait rire.
C'est de l'azur des yeux que vous me voulez dire,
Du coral d'vne bouche.

FILIDAN.
                Attendez vn moment.
C'est doncques l'vn ou l'autre.

ARTABAZE.
                Ah ! vous estes amant
De quelques yeux d'azur, de quelque teint d'yuoire?

FILIDAN,
L'yuoire n'en est pas, si i'ay bonne memoire.
Mais c'est vn tel amas de parfaictes beautez,
De tresors infinis, de rares qualitez,
Que ie suis, pour les voir, dans vn desir extréme.

ARTABAZE.
Sans doute il veut parler de la Nymphe qui m'aime.

FILIDAN.
Quoy, vous la cognoissez?

ARTABAZE.
                Ah ! si ie la cognois ?
Ceste Nymphe m'adore, elle vit sous mes loix.

FILIDAN.
Quelle viue douleur a mon ame saisie?
Falloit-il à mes maux ioindre la ialousie?
Ne suffisoit-il pas de languir sans la voir?

ARTABAZE
I'en pourray bien ranger d'autres sous mon pouuoir,
Ie me suis engagé de vous donner remede,
I'ay pitié de vos maux, allez, ie vous la cede.

FILIDAN,
O Prince genereux, courtois & liberal,
Donc j'obtiendray par vous cet azur, ce coral?
De gloire & de bonheur le ciel vous enuironne,
Que i'embrasse vos pieds.

ARTABAZE.

Allez, ie vous la donne.

SCENE II.

ARTABAE, FILIDAN, AMIDOR.

ARTABAZE.

CET homme est furieux, retirons-nous d'icy.
FILIDAN.
Pour quelle occasion le craignez vous ainsi?
ARTABAZE.
Quand ie l'ay veu tantost il s'est mis en furie.
FILIDAN.
Il n'est rien de plus doux, c'est vne resuerie.
ARTABAZE.
Toutefois il crachoit du creux de ses poulmons,
L'Epode, l'Antistrophe, & cent autres demons.
FILIDAN.
Bannissez ceste peur de vostre fantaisie.
Cela doit s'appeller fureur de Poësie.
ARTABAZE.
C'est là mon seul defaut, ie crains les furieux.
FILIDAN.
Quoy? craindre ayant ce bras tousiours victorieux?
ARTABAZE.
Ie m'en fuy,
FILIDAN.
Demeurez.
ARTABAE.
Voyez comme il medite.
FILIDAN.
Que craignez-vous?
ARTABAZE.
Ie crains que sa rage s'irrite.
FILIDAN.
Rasseurez vostre esprit, il medite des vers
Pour semer vostre nom par tout cet vniuers,

B. iij

Quittez, cher Amidor, vos Muses bien aymées;
Et venez rendre hommage à ce dompteur d'armées,

ARTABAZE.

M'asseurez-vous de luy?

FILIDAN.

C'est le heros du temps,

AMIDOR

Ie vous saluë, effroy de tous les combattans,
Qui donnez ialousie à cent testes royales,.

ARTABAZE.

Il a, comme ie voy, quelques bons interuales..
Dittes, vostre fureur vous prend-elle souuent?
Faites nous quelque figne au moins auparauant.

AMIDOR.

Ma Phebique fureur sert aux heros illustres
Pour prolonger leurs iours d'vn million de lustres.
Elle donne aux vaillans les plus beaux de ses traits.
Par exemple, alleguez quelques vns de vos faits:
Vous verrez ma fureur qui vous les va descrire;

ARTABAZE.

Pour mes faicts valeureux ie veux bien vous en dire.
Mais tréue de fureur.

FILIDAN.

Ah! ne le craignez pas,

AMIDOR.

Iamais ceste fureur ne causa de trespas.

ARTABAZE.

Sçachez que i'ay pour nom l'effroyable Artabaze,
Qui monté quelquesfois sur le cheual Pegase,
Vay iusques sur la nuë œillader l'vniuers.
Pour chercher de l'employ dans les climats diuers.
Puis pour me diuertir ie vole & ie reuole
En deux heures ou trois de l'vn à l'autre pole.

AMIDOR.

Son discours thrasonic me plaist extrémement,
Il ayme l'hyperbole, & parle grauement.

ARTABAZE.

Vn iour du haut de l'air i'apperceus deux armées,
D'vne chaleur pareille au combat animées,

Quand affez à les voir ie me fus diuerty,
Attendant de me ioindre au plus foible party;
Touſiours voloit entr'eux la victoire douteuſe:
En fin de cet esbat ma valeur fut honteuſe :
L'impatiente ardeur me faict fondre fur eux,
Comme vn Aigle vaillant fur des Cygnes peureux:
Ie fends de tous coſtez, bras, iambes, cuiſſes, teſtes:
Mes grāds coups ſe font craindre ainſi que des tépeſtes:
I'attire fur moy feul mille traits oppoſez:
Mais d'vn de mes regards i'abbas les plus oſez:
En fin ie fis alors, ce qu'à peine on peut croire,
De deux camps ennemis vne feule victoire.

AMIDOR.

Cet exploict gigantefque eſt certes merueilleux.
ARTABAZE.
Comment defcririez vous ce combat perilleux?
AMIDOR.
Au fecours Polhymnie, Erato, Therpſicore.
ARTABAZE.
Fuyons, ceſte fureur le va reprendre encore.
FILIDAN.
Demeurez, grand guerrier, ignorez vous les noms
Des Muſes qu'il inuoque?
ARTABAZE.
        Il parle à fes demons,
Son œil n'eſt plus ſi doux, il fait mille grimaces,
Et maſche entre fes dents de certaines menaces,
Voyez comme il nous lance vn regard de traucrs?
FILIDAN.
C'eſt de ceſte façon que l'on fait de bons vers.
ARTABAZE.
Faut-il eſtre en fureur ? ce meſtier eſt eſtrange.
I'ayme mieux pour ce coup me paſſer de louänge,
Pour voir faire des vers ie n'y prens pas plaiſir.
AMIDOR.
I'en feray donc pour vous auec plus de loiſir.
Ie veux vous prefenter des enfans de ma Muſe.
ARTABAZE.
Ie vous feray faueur.

FILIDAN.

Mais à quoy ie m'amuſe.

Cherchons, mes yeux, cherchons ces aymables appas.

ARTABAZE.

Où courez-vous, amy, ne m'abandonnez pas.

FILIDAN.

Ne craignez rien de luy, croyez en ma parole.

ARTABAZE.

Adieu donc, pauure amant, que le ciel vous conſole.

SCENE III.

AMIDOR.   ARTABAZE.

AMIDOR.

GVERRIER, ne craignez rien parmy les vertueux.
Ie voy que vous marchez d'vn pas majeſtueux.
Vous auez le regard d'vn grand homme de guerre,
Et tel que Mars l'auroit s'il eſtoit ſur la terre;
Vous auez le parler graue, ſec, reſonnant,
Digne de la grandeur d'vn Iupiter tonnant.

ARTABAZE.

Il eſt vray,

AMIDOR.

I'ay produit vne piece hardie,
Vn grand effort d'eſprit, c'eſt vne tragedie,
Dont on verra bien toſt cent Poëtes ialoux.
Mais i'aurois grand beſoin qu'vn homme tel que vous,
Pour faire bien valoir cet excellent ouurage,
Vouluſt repreſenter le premier perſonnage.

ARTABAZE.

Oüy, ie l'entreprendray, s'il eſt digne de moy.

AMIDOR.

C'eſt le grand Alexandre,

ARTABAZE.

Oüy, puis que ce grand Roy,
Par qui ſe vid l'Aſie autrefois poſſedée,
Auoit de ma valeur quelque legere idée.

AMIDOR.

I'ay le roolle en ma poche, il est fort furieux,
Car ie luy fay tuer ceux qu'il aime le mieux,

ARTABAZE.

C'est donc quelque demon, quelque beste effroyable;
Ah! ne le tirez point.

AMIDOR.
                    Ce n'est rien de semblable.

Cela n'est qu'vn escrit,

ARTABAZE.
                    Quoy, qui donne la mort?

Vous estes donc Sorcier?

AMIDOR.
                    Ne craignez point si fort.

ARTABAZE.

Ah Dieux! ie suis perdu, ma valeur ny mes armes
Ne sont point par malheur à l'espreuue des charmes.

AMIDOR.

Ce ne sont que des Vers.

ARTABAZE.
                    C'est ce qui me faict peur.

AMIDOR.

Si vous craignez l'escrit, ie les diray par cœur.
Voyons si sur le champ vous les pourriez apprendre.

ARTABAZE.

Ie le veux...

AMIDOR.
              Dittes donc, Ie suis cet Alexandre.

ARTABAZE.

Ie suis cet Alexandre

AMIDOR.
                    Effroy de l'Vniuers.

ARTABAZE.

Ce titre m'appartient.

AMIDOR.
                    Ah Dieux! Dittes vos Vers.

ARTABAZE.

Ie ne suis pas si sot qu'en dire dauantage,
Ie me condamnerois en tenant ce langage,

B v

AMIDOR.

Quelle bizarre humeur ?

ARTABAZE.

Ce trait est captieux,
Afin que i'abandonne vn titre glorieux :
Le donnant, je perdrois le pouuoir d'y pretendre.
Ie diray seulement, Ie suis cet Alexandre.

AMIDOR.

Et qui dira le reste ?

ARTABAZE.

Il faut bien, sur ma foy,
Donner le titre à dire à quelqu'autre qu'à moy :
Puis ie pourray poursuiure.

AMIDOR.

O Dieux ! quel badinage ?
On verroit deux acteurs pour vn seul personnage.

ARTABAZE.

Comme vous l'entendrez, je ne puis autrement.

AMIDOR.

Ma foy, vous le direz, j'en ay fait le serment,

ARTABAZE.

Quoy ? vous me menacez, frenetique caboche.

AMIDOR.

Ie feray donc sortir le roolle de ma poche.

ARTABAZE.

O Dieux à mon secours, sauuez-moy du Sorcier.

AMIDOR.

Adieu vaillant courage, Adieu franc Cheualier.

SCENE IV.

PHALANTE. AMIDOR.

PHALANTE.

DE QVOY rit Amidor?

AMIDOR.

C'est de ce Capitaine.

PHALANTE.

Amy, ie te cherchois, i'ay besoin de ta veine,

Pour vaincre vne beauté dont mon cœur est épris:
Mais pour se faire aimer, viuent les bons esprits.
Rien ne sçauroit flechir vne humeur rigoureuse
Côme vn Vers qui sçait plaindre vne peine amoureuse.

AMIDOR.

Si c'est vne beauté qui cheriffe les Vers,
I'en ay de composez sur des sujects diuers:
I'en ay sur vn refus, i'en ay sur vne absence,
I'en ay sur vn mespris, sur vne mesdisance.
I'en ay sur vn courroux, sur des yeux, sur vn ris,
Vn retour de Siluie, vn Adieu pour Cloris,
Vn songe à Berenice, vne plainte à Cassandre,
Car on choisit le nom tel que l'on le veut prendre.

PHALANTE.

Cesté plainte à Cassandre est bien ce qu'il me faut.

AMIDOR.

Cesté piece est sçauante, & d'vn stile fort haut.

PHALANTE.

C'est comme ie la veux.

AMIDOR.

        Au reste ce sont Stances,
Pleines de riches mots, de graues doleances.

PHALANTE.

Si le stile en est riche, on me tient riche aussi.

AMIDOR.

Serois-je assez heureux pour les auoir icy ?

PHALANTE.

L'est-ce là ?

AMIDOR.

    Non,

PHALANTE.

Quoy donc ?

AMIDOR.

        Vne Ode Pindarique.

PHALANTE.

Et cela ?

AMIDOR.

Ce sont vers qu'on va mettre en Musique.

PHALANTE.

Ce l'est peut-estre icy,

                 B vj

AMIDOR.

C'eſt l'Adieu pour Cloris.

PHALANTE.

Et là?

AMIDOR.

Ce ſont les pleurs de la bergere Iris.

PHALANTE.

Là?

AMIDOR.

C'eſt vne Anagramme en tous les hemiſtiches.

PHALANTE.

Et là?

AMIDOR.

C'eſt vn Sonnet en lettres acroſtiches.
Ah! non ce ne l'eſt pas, c'eſt vn vœu pour Phyllis.

PHALANTE.

Ne l'eſt-ce point icy?

AMIDOR.

C'eſt ſur vn teint de lis.

PHALANTE.

L'eſt-ce là?

AMIDOR.

C'eſt vne Hymne.

PHALANTE.

Et là?

AMIDOR.

C'eſt vne Eclogue.

PHALANTE.

Là?

AMIDOR.

C'eſt vne Epitaphe.

PHALANTE.

Et là?

AMIDOR,

C'eſt vn Prologue.

PHALANTE.

Nous ſommes mal-heureux.

AMIDOR.

Ie croy que la voicy.

PHALANTE.

Que les Dieux ſoient loüez,

AMIDOR.

Non, c'eſt ſur vn Soucy.

PHALANTE.

Ce l'eſt doncques icy.

AMIDOR.

Non, c'eſt vne Epigrame.

PHALANTE.

Ce la ſera donc là.

AMIDOR.

C'eſt vne Epithalame.

PHALANTE.

Ce ſera la derniere.

AMIDOR.

A la fin ie la voy.

PHALANTE.

O Dieux!

AMIDOR.

Plainte à Caſſandre,

PHALANTE:

Amy donne la moy:
J'aime à lire les Vers, ie ſuis tout en extaſe.

AMIDOR.

Vous ne les liriez pas auec aſſez d'emphaſe.

STANCES.

Doncques rigoureuſe Caſſandre,
Tes yeux entre-doux & hagards,
Par l'optique de leurs regards
Me vont pulueriſer en cendre.
Toutefois parmy ces ardeurs,
Tes heteroclites froideurs
Cauſent vne antiperiſtaſe:
Ainſi mourant, ne mourant pas,
Ie me ſens rauir en extaſe
Entre la vie & le treſpas.

Mon cœur deuint pufillanime
  Au prime afpect de ta beauté,
  Et ta Scythique cruauté
  Rendit mon efprit cacochime:
  Tantoft dans l'Euripe amoureux
  Ie me croy le plus mal-heureux
  Des indiuidus fublunaires:
  Tantoft ie me croy tranfporté
  Aux efpaces imaginaires
  D'vne excentrique volupté.
Auffi ton humeur apocryphe
  Fait que l'on te nomme en ce temps
  Des hypocondres inconftans
  Le verirable hieroglyphe.
  Les crotefques illufions
  Des fanatiques vifions
  Te prennent pour leur hypothefes
  Et dedans mes calamitez
  Ie n'attens que la fynderefe
  De tes froides neutralitez.
Autrement la metamorphofe,
  De mon bonheur en tant de maux,
  Fait que l'efpoir de mes trauaux
  N'eft plus qu'en la metempfycofe.
  La cataftrophe d'vn Amant
  Ne treuue point de fentiment
  Dans ton ame paralytique.
  Faut-il, lunatique beauté,
  Que tu fois le pole antartique
  De l'amoureufe humanité?
Chante donc la Palinodie,
  Cher Paradoxe de mes fens,
  Et des fymptomes que ie fens
  Desbroüille l'Encyclopedie.
  Ainfi les celeftes brandons
  Verfent fur ton chef mille dons
  En lignes perpendiculaires;
  Et deuant ton terme fatal,
  Cent reuolutions folaires
  Efclairent fur ton vertical.

PHALANTE,

Ah ! que ie suis rauy, quelle Muse admirable?

AMIDOR.

Que vous semble du stile?

PHALANTE.

Il est incomparable.
Mais mon estonnement est sur tes visions,
Cette humeur apocryphe , & ces illusions.
Dont ces vers sont remplis , qui me font croire encore
Qu'on les a faicts exprés pour celle que i'adore.

AMIDOR.

Elle est donc lunatique ?

PHALANTE.

Elle a l'esprit gasté
D'vne amour d'Alexandre.

AMIDOR.

Ah ! quelle absurdité.
Quoy du grand Alexandre ? elle est donc chimerique?
Voila ce que produit la lecture historique,
Et celle des Romans dans les ieunes esprits,
Qui de phantosme vains sentent leurs cœurs épris
Alors que fraischement ils ont leu quelque histoire:
Cette humeur changera.

PHALANTE.

Ie le pourrois bien croire:
Et mesmes ces beaux vers ont des charmes puissans
Pour luy bien reprocher qu'elle a perdu le sens.

AMIDOR.

Donc , au lieu de ces mots , rigoureuse Cassandre,
Mettez au premier vers , amante d'Alexandre?
Ce traict la picquera.

PHALANTE.

L'aduis est excellent.

I'admire cet esprit.

AMIDOR.

C'est là nostre talent.

PHALANTE.

Ie là pourrois bien vaincre à force de largesses,
Si les biens luy plaisoient , i'ay de grandes richesses:

Mais ce charme est plus propre à gagner ses parens,
En voicy, ce me semble, vn des plus apparens :
Il m'a promis secours, je vois Alcidon mesme.

AMIDOR.

Ie m'en vay cependant mediter vn Poëme.
Ces vers vallent cent francs, à vingt francs le couplet.

PHALANTE.

Allez, ie vous promets vn habit tout complet.

SCENE V.

LYSANDRE. ALCIDON. PHALANTE.

LYSANDRE.

VENERABLE Alcidon, ie vous offre Phalante,
Pour digne seruiteur de ma belle parente,
Melisse vostre fille, ayant vn reuenu.
Qui passe tous nos biens.

ALCIDON.

Soyez le bien venu.
Estes-vous possesseur d'vne grande richesse?

PHALANTE.

Grace aux Dieux i'ay des biens dignes de ma noblesse.
I'en ay dedans la ville, & i'en ay dans les champs:
Ie fay fendre la terre à cent coutres tranchans:
I'ay des prez, des forests, des estangs, des riuieres,
Des troupeaux, des haras, des forges, des minieres,
Des bourgs & des chasteaux, des meubles à foison,
Les sacs d'or & d'argent roulent par ma maison.

ALCIDON.

Qu'elle richesse au monde à la vostre est égale?
De toutes vos maisons quelle est la principale?

PHALANTE.

C'est vn lieu de plaisir, seiour de mes ayeux,
A mon gré le plus beau qui soit dessous les cieux.
Si vous le desirez, ie vous le vay descrire.

ALCIDON.

Vous me ferez plaisir, c'est ce que ie desire.

PHALANTE.

Ce lieu se peut nommer sejour des voluptez,
Où l'Art & la Nature étallent leurs beautez;
On rencontre à l'abord vne longue auenuë
D'arbres à quatre rangs qui voisinent la nuë:
Deux prez des deux costez font voir cent mille fleurs,
Qui parent leurs tapis de cent viues couleurs;
Et cent petits ruisseaux coulent d'vn doux murmure,
Qui d'vn œil plus riant font briller la verdure.

ALCIDON.

L'abord est agreable:

LYSANDRE.

On peut auec raison
Se promettre de là quelque belle maison.

PHALANTE.

De loin l'on apperçoit vn portail magnifique.
De pres l'ordre est Toscan, & l'ouurage rustique:
Ce portail donne entrée en vne grande court,
Ceinte de grands ormeaux, & d'vn ruisseau qui court:
Là mille beaux pigeons & mille paons superbes
Marchent d'vn graue pas sur la pointe des herbes.
Vne fontaine au centre a son jet élancé
Par le cornet retors d'vn Triton renuersé:
Cette eau frappe le ciel, puis retombe, & se jouë
Sur le nez du Triton, & luy laue la jouë.
La court, des deux costez, tient à deux bassecourts,
De qui le grand chasteau tire tout son secours:
En l'vne est le maneige, offices, escuries:
L'autre est pour le labour, & pour les bergeries.
Au fonds de cette court paroist cette maison,
Qu'Armide eust pû choisir pour l'heureuse prison
Où furent en repos son Regnaut & ses armes,
Sans qu'elle eust eu besoin du pouuoir de ses charmes.
Au bord d'vne terrace vn grand fossé plein d'eau,
Net, profond, poissonneux, entoure le chasteau,
Pour rendre ce lieu seur contre les escalades;
Et l'appuy d'alentour ce sont des balustrades.

ALCIDON.

Cette entrée est fort belle.

PHALANTE.

              Au bout du pont-leuis
Se presente vn objet dont les yeux sont rauis,
Trois portes de porphyre, & de jaspe étofées,
Comme vn arc de triomphe enrichy de trophées.
On entre en vne court large de deux cens pas
Où cet art qu'ont produit la regle & le compas,
(I'entens cette mignarde & noble architecture)
Semble de tous costez surmonter la nature.
Le logis éleué, les ailes vn peu moins,
De quatre pauillons flanquent leurs quatre coings:
Et par l'estage bas cent colomnes Doriques
Separent d'ordre égal cent figures antiques.

           ALCIDON.

O Dieux !

          PHALANTE,

      Vne fontaine au milieu de la court.
Represente Arethuse, il semble qu'elle court,
Qu'elle emporte d'vn Dieu le cœur & la franchise:
L'amant la suit de pres, elle pense estre prise;
Elle inuoque Diane, & dans ce temps fatal
Iaillit dessous ses pieds vn long trait de cristal;
Cette eau qui va noyer sa mortelle dépoüille,
En mesme temps l'éstonne, & l'arreste, & la moüille,
En chaque pauillon sont des appartemens;
Qui selon les saisons seruent de logemens,
Pour l'Esté, pour l'Hyuer, le Printemps ou l'Autome :
Ainsi que vient le chaud, ou qu'il nous abandonne.
L'ornement des planchers & celuy des lambris
Brillent de tous costez de dorures sans pris:
Au bout des pauillons on void deux galleries,
Où le peintre épuisa ses doctes resueries.
Les meubles somptueux, éclatans & diuers,
Feroient croire à vos yeux que de tout l'Vniuers
On a faict apporter les plus riches ouurages,
Pour rendre à ce beau lieu de signalez hommages.

          ALCIDON.

Vous nous contez sans doute vn palais enchanté,

          LYSANDRE.

Escoutons,

PHALANTE.

      Les iardins n'ont pas moins de beauté,
D'abord on apperçoit vn parterre s'estendre.
Où de rauissement l'œil se laisse surprendre,
Ses grands compartimens forment mille fleurons,
Et cent diuerses fleurs naissent aux enuirons.
Au milieu du parterre vne grande fontaine
Iette en l'air vn torrent de sa feconde veine.
La figure est antique; vn Neptune d'airain
Armé de son trident dompte vn cheual marin:
Le monstre, des naseaux lance l'eau iusqu'aux nues,
Qui retombe auec bruit en parcelles menues:
Le Dieu void de sa barbe , & de son grand trident
Degoutter mille flots, & n'est pas moins ardent.

ALCIDON.

l'aime toutes ces eaux,

PHALANTE,

        Quatre belles Sirenes
Dans les coins du iardin forment quatre fontaines,
Dont les bassins pareils ont les bouillons égaux:
Le parterre est enceint de trois larges canaux.
Ce lieu semble coupé du dos d'vne montagne,
Et découure à main droitte vne riche campagne,
Vn bois, vne riuiere, & toutes ces beautez
Dont les yeux innocens font leurs felicitez.
Le grand parc se separe en superbes allées,
Par mes riches ayeux en tous sens égalées.
Les arbres en font beaux , & droicts & cheuelus,
Et se ioignant en haut de leurs rameaux feüillus.
Parlent en murmurant , s'embrassent comme freres,
Et contre les chaleurs font des dieux tutelaires.
Vn verd & long tapis par le milieu s'estend,
Qu'entreuoid le Soleil d'vn rayon tremblottant:
Deux ruisseaux aux costez moüillent les palissades,
Interrompant leurs cours par cent mille cascades.
Au bout des promenoirs en vn lieu reculé
Se découure vn rond d'eau d'espace signalé:
Diane est au milieu de colere animée,
Et Niobe en rocher à demy transformée.

La Reine au lieu de pleurs verſe de gros torrens:
Sa jeune fille encor l'eſtreint de bras mourans :
Et ſes autres enfans comme perſonnes vrayes
Font ſortir pour du ſang vn jet d'eau de leurs playes :
L'eſtang dont le ſein vaſte engouffre ſes canaux,
D'vn bruit continuel ſemble plaindre leurs maux.

ALCIDON.

Ce rond d'eau me plaiſt fort.

PHALANTE.

     Au tour des paliſſades
Cent niches en leurs creux ont autant de Naïades,
Qui d'vn vaſe de marbre élancent vn trait d'eau,
Qui ſe rend comme vn arc dans le large vaiſſeau ;
Et les admirateurs de ces beaux lieux humides
Se promeinent autour ſous des voûtes liquides.

ALCIDON.

Quel plaiſir, ô bons Dieux !

PHALANTE.

     Loin de là s'apperçoit
Vn jardin que l'on ſent pluſtoſt qu'on ne le voit:
Mille grands orangers en égale diſtance
De fruicts meſlez de fleurs jettent vne abondance:
Ils ſemblent orgueilleux de voir leur beau treſor,
Que leurs fleurs ſont d'argent,& que leur fruict eſt d'or:
Et pour ſe diſtinguer chacun d'eux s'accompagne
Ou d'vn myrthe amoureux, ou d'vn jaſmin d'Eſpagne.

ALCIDON.

Que tous ces beaux jardins ont de charmans appas !

PHALANTE.

En ſuite eſt vn grand lieu large de mille pas.
Dans les quatre coſtez ſont vingt grottes humides,
Et l'on void au milieu le lac des Danaïdes.
Ses bords ſont baluſtrez, & cent legers batteaux,
Peints de blanc & d'azur voltigent ſur les eaux:
Où ſans craindre le ſort qui meine aux funerailles
Se donnent quelquefois d'innocentes batailles.
Vn grand rocher s'éleue au milieu de l'eſtang,
Où les cinquante Sœurs faites de marbre blanc
Portent inceſſamment les peines meritées
D'auoir en leurs maris leurs mains enſanglantées :

Et souffrant vn trauail qui ne sçauroit finir,
Semblent incessamment aller & reuenir.
Au haut, trois de ces Sœurs à cruche renuersée,
Font choir trois gros torrens dans la tonne percée :
La tonne respand l'eau par mille trous diuers :
Le roc qui la reçoit en a les flancs couuers.
Au bas l'vne des Sœurs puise à teste courbée,
L'autre monstre & se plaint que sa cruche est tombée :
L'vne monte chargée, & l'autre qui descend
Semble ayder à sa Sœur sur le degré glissant :
L'vne est preste à verser, l'autre reprend haleine :
L'œil mesme qui les void prend sa part de leur peine.
L'eau que ce vain trauail tourmente tant de fois
Semble accuser des Dieux les inégales loix,
Et redire en tombant d'vne voix gemissante,
Pourquoy souffré-je tant, moy qui suis innocente ?
Ce bruit & ce trauail charment tant les esprits,
Qu'on perd tout souuenir tant l'on en est épris.

ALCIDON.

O Dieux ! n'en dites plus, je suis plein de merueilles ;
Vous m'auez en ce lieu charmé par les oreilles.

LYSANDRE.

I'entendrois ce recit volontiers tout vn jour.

ALCIDON.

Ie me promeine encor dedans ce beau sejour.
Il est vray, la richesse est vne belle chose :
Toute felicité dedans elle est enclose.
Vn pauure n'est qu'vn sot. Allez, ie vous reçoy :
Venez deuers le soir vous presenter à moy.
Ie vous donne ma fille, & veux qu'elle vous aime.
Cette offre de vos vœux m'est vne gloire extrême.

PHALANTE.

Effacez de son cœur quelques impressions,
Qui pourroient faire tort à mes affections.

ALCIDON.

Melisse feroit-elle vne faute si grande ?
Phalante, il vous suffit, j'en reçoy la demande.

LYSANDRE.

Au moins dans ce beau lieu, quand ie vous iray voir,
I'auray mon logement ?

PHALANTE. Vous aurez tout pouuoir.

ACTE QVATRIESME.

SCENE PREMIERE.

MELISSE.

VAINQVEVR de l'Orient, guerrier
    infatigable,
A qui des Conquerans nul ne fut com-
    parable,
Foudre qui si soudain rauagea l'Vniuers,
Heros qui merita cent eloges diuers,
Et dont mille combats establirent l'Empire,
C'est roy seul que i'adore, & pour qui ie soûpire.
Soit que ie te contemple en la fleur de tes ans,
Quand aux yeux étonnez de mille courtisans
Par vne adresse viue, & qui n'eut point d'égale
Tu domptas la fureur du fougueux Bucephale.
Ou quand tu fis l'essay de tes guerrieres mains
Sur les forces d'Athene,& l'orgueil des Thebains ;
Ou quand tu fis trembler, à voir ta ieune audace,
Le Danube glacé, l'Illyrie, & la Thrace ;
Ie dis, voyant l'effort de tes premiers exploicts
Qui iusques aux Germains firent craindre tes loix,
Que fera ce grand fleuue au milieu de sa course,
S'il rauage ses bords au sortir de sa source ?
Puis quand ayant passé les flots de l'Hellespont,
Ie voy dans peu de temps sur ton auguste front
Flotter superbement les palmes immortelles
Des combats du Granique, & d'Issus, & d'Arbelles ;
Ou quand ie voy ton char suiuy de tous costez
De Satrapes captifs, & d'illustres beautez,

De chameaux chargez d'or, de meubles magnifiques,
Les threfors amaffez par tant de Roys Perfiques ;
Ou quand ie t'apperçoy fur ce trône éclatant,
Dont l'œil de tous les Grecs fe trouua fi content,
Goûter auec plaifir les fruicts de ta victoire ;
Quel vainqueur dis-je alors eut jamais tant de gloire?
Mais quand par trop de cœur ie te vois engager
Au bourg des Malliens en vn fi grand danger,
En ce lieu malheureux, qui creut porter la marque
De l'indigne tombeau d'vn fi digne Monarque;
Ie tremble en te voyant le premier à l'affaut.
Les efchelles fe rompte, & toy feul fur le haut
Qui frappes de l'efpée, & du bouclier te pares
Du choc impetueux de mille traits barbares:
Mais l'effroy me faifit, & d'horreur ie fremy,
Quand tu te lances feul dans l'enclos ennemy;
Et que feul tu fouftiens les puiffantes attaques
Des plus defefperez d'entre les Oxydraques.
C'eft là, puis que fi tard on te vint fecourir,
Si ton corps fut mortel, que tu deuois mourir.
Auffi n'eftois-tu pas d'vne mortelle effence,
Le plus puiffant des Dieux te donna la naiffance ;
Iamais mortel ne fit tant d'exploicts glorieux,
Et ne porta fi loin fon bras victorieux.
Plus digne fils des Dieux qu'vn Bacchus, qu'vn Hercule,
Croire que tu fois mort, c'eft chofe ridicule.
De tes membres diuins la precieufe odeur
Marquoit euidemment ta celefte grandeur.
Non, tu vis dans les cieux (car par quelque auanture
Quelque corps pour le tien fut mis en fepulture)
Mais ie croirois pluftoft que tu fus tranfporté
Dans le charmant fejour d'vn palais enchanté,
Où ta ieune vigueur, ta beauté, ton courage,
Du temps ny de la mort ne craignent point l'outrage.
Et fi tu veux fçauoir l'efpoir de mon amour,
C'eft que d'vn fi beau lieu tu fortiras vn iour:
Tu femeras l'effroy fur la terre & fur l'onde,
Pourfuiuant ton deffein des conqueftes du monde;
O le charmant plaifir que ie dois receuoir,
Si i'ay durant mes iours le bonheur de te voir !

Il me semble desia que mon amour m'ordonne
Que ie t'aille trouuer en habit d'Amazone.
O mon cher Alexandre, espoir de mes amours,
Voudrois-tu bien pour moy t'arrester quelques iours,
Pour produire vn enfant de race valeureuse ?
Car ie sens en t'aimant que ie suis genereuse.

SCENE II.

MELISSE.　　ARTABAZE.

MELISSE.

QVAND pourray-je gouster tant de felicité,
　Alexandre, mon cœur?

ARTABAZE.

　　　　　　　　　Quelle est cette beauté,
Qui parle d'Alexandre ? elle paroist hardie.
Ma foy vous le verrez, c'est ceste Tragedie
Dont parloit ce fantasque, elle en dit quelques vers.

MELISSE.

Ouy, ie le veux chercher par tout cet Vniuers.
Mais quel braue guerrier me vient icy surprendre ?

ARTABAZE.

Il faut luy repartir : Ie suis cet Alexandre.

MELISSE.

Vous estes Alexandre ? ô mes yeux bien-heureux,
Vous voyez donc l'objet de mes vœux amoureux:
Que i'embrasse vos pieds, grand Prince que i'adore.
Quitte, quitte, mon cœur, l'ennuy qui te deuore:
Ie le voy, ce grand Roy, ce Heros nompareil,
Le plus grand que iamais esclaira le Soleil,
Ce fils de Iupiter, ce prodige en courage.

ARTABAZE.

Cette fille à mon gré faict bien son personnage.

MELISSE.

Vous estes Alexandre ? au moins encore vn mot:
Poursuiuez de parler.

ARTABAZE.

　　　　　　　Ie ne suis pas si sot.

MELISSE

MELISSE.

Parlez donc cher object, dont mon ame est éprise.

ARTABAZE.

Ie suis cet Alexandre, & cela vous suffise.

MELISSE.

Il me suffit, de vray, d'auoir l'heur de vous voir,
Vous forcer de parler, c'est passer mon deuoir:
Effroy de l'Vniuers, c'est par trop entreprendre.

ARTABAZE.

Est-ce pour moy ce titre, ou bien pour Alexandre?

MELISSE.

Comment l'entendez-vous?

ARTABAZE.

　　　　　Si ce titre est pour moy,
Comme m'appartenant aussi ie le reçoy:
Mais ie le maintiens faux, si c'est pour Alexandre.

MELISSE.

Vous tenez vn discours que ie ne puis comprendre,
Vous estes Alexandre, & vous ne l'estes pas?

ARTABAZE.

C'est par moy qu'Alexandre a souffert le trespas.

MELISSE.

Vous l'estes donc sans l'estre? à present Alexandre
Est comme le Phœnix qui renaist de sa cendre?
Car c'est luy qui reuit, & si ce ne l'est plus?
A peine i'entendois ces propos ambigus.
Mais, ô cher Alexandre, ô Prince qui m'embrase.

ARTABAZE.

Laissons la Tragedie, on m'appelle Artabaze,
Plus craint que le tonnerre, & l'orage & les vents.

MELISSE.

Artabaze est le nom de l'vn de vos suiuants,
Qui le fut de Darie; ah! le voudriez vous prendre?
O Dieux! ne quittez point ce beau nom d'Alexandre.

ARTABAZE.

Artabaze est le nom du plus grand des guerriers,
Dont le front est chargé de cent mille lauriers.

MELISSE.

Faites moy donc entendre; est-ce metamorphose
Qui vous faict Artabaze, ou bien metempsycose?

C

ARTABAZE.

Quoy ? vous dittes auſſi des mots de ce Sorcier
Qui fit la Tragedie?

MELISSE.

Inuincible Guerrier,
Alors qu'on vous creut mort par charme ou maladie,
Ce fut donc vn Sorcier qui fit la Tragedie?

ARTABAZE.

Il eſt vray que de peur i'en ay penſé mourir.
Vous a t'on dit l'eſfroy qui m'a tant faict courir?

MELISSE.

Quoy donc ? il vous fit peur, ô Valeur ſans ſeconde.

ARTABAZE.

Il m'a faict diſparoiſtre aux yeux de tout le monde.

MELISSE.

Vous diſparuſtes donc par vn charme puiſſant?

ARTABAZE.

Par des mots qui pouuoient en effrayer vn cent.
Par vn certain Demon qu'il portoit dans ſa poche.

MELISSE.

O Dieux!

ARTABAZE.

Nul de ſa mort ne fut iamais ſi proche.

MELISSE.

Depuis cet accident qu'il s'eſt faict de combats!

ARTABAZE.

Quels combats ſe ſont faicts?

MELISSE.

Ne les ſçauez vous pas?

ARTABAZE.

On s'eſt battu ſans moy ? Ie deteſte, j'enrage.

MELISSE.

Ce fut lors que vos chefs eurent faict le partage
De tous ces grands pays conquis par vos trauaux.

ARTABAZE.

Ie les feray tous pendre ; où ſont-ils ces maraux?
Ils partagent mon bien?

MELISSE.

Depuis leurs deſtinées
On pourroit bien compter pres de deux mille années.

ARTABAZE.

Les Dieux pour les sauuer de mon iuste courroux
Ont mis asseurément cet espace entre nous.

MELISSE.

Helas ! où courrez-vous ?

ARTABAZE.

Ce Sorcier me veut prendre.

MELISSE.

Ie vous suiuray par tout , ô mon cher Alexandre.

SCENE III.

FILIDAN.   AMIDOR.

FILIDAN.

IE la voy cette belle ; à ce coup ie la voy.
Cruelle, impitoyable, où fuyez vous de moy?
La mauuaise qu'elle est, ie l'auois apperceuë,
Mais l'ingrate aussi tost s'est soustraite à ma veuë,
Elle a priué mes yeux d'vn si diuin plaisir.
Pour augmenter en moy la fureur du desir.
Amidor, ie l'ay veuë.

AMIDOR.

As-tu veu cette belle?

FILIDAN.

I'ay veu comme vn éclair cette beauté cruelle.
Mais ne l'as-tu point veuë ? à quoy donc resuois-tu?

AMIDOR.

Ie resuois au malheur des hommes de vertu.
Qu'en ce siecle ignorant les Autheurs d'importance
Languissent sans estime,& sans reconnoissance.

FILIDAN.

C'est ainsi que par fois en des lieux écartez
S'offrent aux yeux humains les celestes beautez;
On les void sans les voir ? ces belles immortelles
Sont en mesme moment & douces & cruelles.

AMIDOR.

Siecle ingrat! autrefois Sophocle eut cet honneur
Qu'en l'Isle de Samos on le mit Gouuerneur

Pour vne Tragedie , ainſi qu'on le raconte:
Ie deurois eſtre vn Roy pour le moins à ce compte.

FILIDAN.

Dieux ! qu'elle m'a laiſſé dans vn ardent deſir
De voir ſon beau viſage auec plus de loiſir.

AMIDOR.

Quel homme enfla iamais comme moy ſa parole?
Et qui iamais plus haut a porté l'hyperbole?

SCENE IV.

FILIDAN. HESPERIE. AMIDOR. SESTIANE.

FILIDAN.

COMME de ſa beauté tu connois la grandeur,
Crois-tu , cher confident de ma nouuelle ardeur,
Que ma fidelité puiſſe eſtre aſſez heureuſe
Pour flechir quelque iour cette humeur rigoureuſe?

HESPERIE.

Eſcoute , chere ſœur , ce miſerable Amant
Qui feint ne me point voir pour dire ſon tourment.

AMIDOR.

Les grands peuuent donner les ſouſtiens d'vne vie,
Qui par mille accidens nous peut eſtre rauïe:
Mais par vn vers puiſſant comme la deïté
Ie puis leur faire don de l'immortalité.

FILIDAN.

Ah ! qu'elle eſt rigoureuſe à ſon Amant fidelle!

AMIDOR.

Ah ! que pour les ſçauans la ſaiſon eſt cruelle!

FILIDAN.

Beauté , ſi tu pouuois ſçauoir tous mes trauaux!

AMIDOR.

Siecle, ſi tu pouuois ſçauoir ce que ie vaux!

FILIDAN.

I'aurois en ton amour vne place authentique.

AMIDOR.

I'aurois vne ſtatuë en la place publique.

HESPERIE.

I'ay pitié de les voir en cette égalité
L'vn se plaindré du temps, l'autre de ma beauté.

SESTIANE.

Non, c'est vn Dialogue: Amidor l'estudie
Pour en faire vne Scene en quelque Comedie.

HESPERIE.

Ah! ne le croyez pas, l'vn & l'autre en effect
Ont du temps & de moy l'esprit mal satisfaict.
Voyez qu'ils sont resueurs : sçachons-le auec adresse.
Dōcques vous vous plaignez d'vne ingratte maistresse?

FILIDAN.

Si c'est quelque pitié naissante en vostre cœur
Qui vous fasse enquerir quel trait fut mon vainqueur,
Sçachez qu'il vint d'vn œil que i'adore en mon ame.

HESPERIE

Voyez qu'il est adroit à me conter sa flame.
Quelle est donc la beauté d'où vient vostre tourment?

FILIDAN.

C'est celle que i'ay veüe en ce mesme moment.

HESPERIE.

C'est doncques pour ma sœur que vostre cœur souspire?

FILIDAN.

Non.

HESPERIE.

Ma sœur, pouuoit-il plus adroitement dire
Que c'est moy qu'il cherit, car c'est l'vne des deux.
Respectueux Amant, on accepte vos vœux?
Celle que vous aimez, de ma part vous asseure
Qu'elle a pitié des maux que vostre cœur endure,
Mais sans rien desirer adorez sa vertu.

FILIDAN.

O doux soulagement d'vn esprit abattu!
Que ie baise vos mains pour l'heureuse nouuelle
Que ma Deesse enuoye à son Amant fidele.

HESPERIE.

Mais vous de qui l'esprit par tant de nobles vers
Du bruit de cette Nymphe a remply l'Vniuers,
Quittez vos desplaisirs, car pour recognoissance
Sçachez qu'elle vous donne vne ample recompence.

C iij

FILIDAN.
Il est vray que c'est luy qui causa mon ardeur.
AMIDOR.
Quel don puis-je esperer digne de sa grandeur?
HESPERIE.
Vous allez deuenir le plus riche du monde.
AMIDOR.
Helas ! sur quoy veut-on que cet espoir se fonde?
HESPERIE.
Elle peut pour le moins compter cent mille Amans
Qui viuant sous ses loix souffrent mille tourmens.
Elle va publier, pour soulager leur peine
Qu'ils n'ont qu'à luy donner des vers de vostre veine:
Vous verrez arriuer de cent climats diuers
Ces pauures languissans pour auoir de vos vers,
Vous offrir des presens , des innombrables sommes:
Vous voila dans vn mois le plus riche des hommes.
AMIDOR.
O Dieux ! les voyageurs sur les Indiques bords
N'amasserent iamais de si riches tresors.
Quels beaux chants triomphaux,& quels Panegyriques
Meriteront de moy ses bontez heroïques?
FILIDAN.
Dieux ! qu'elle est magnifique ! & que cette beauté
Exerce heureusement la liberalité!
SESTIANE.
I'aime bien Amidor , mais il faut que ie die
Que s'il deuient Cicene, Adieu la Comedie,
Car il ne voudra plus s'embroüiller le cerueau,
Que pour vne Epigramme , ou pour vn air nouueau:
AMIDOR.
I'auray plus de loisir , Sestiane , au contraire,
I'en feray pour ma gloire & pour me satisfaire.
Mais s'il faut que les biens m'arriuent à foison,
Il faut donc que ie loüe vne grande maison:
Car ma chambre est petite, à peine suffit-elle.
Pour vn lict,vne table, auec vne escabelle.
SESTIANE.
Auant que voir chez vous la richesse venir,
Ie veux de vostre Muse vne grace obtenir,

AMIDOR.

Commandez seulement.

SESTIANE.

Qu'elle veüille deſcrire
Ce ſujeɕt que tantoſt ie commençois à dire.

AMIDOR.

Oüy, ie vous le promets ; ce ſujeɕt me plaiſt fort:
Et merite vn eſprit qui puiſſe faire effort.
L'inuention m'en charme, & ſa belle conduite.
Ie me meürs du deſir d'en apprendre la ſuite.
Nous eſtions demeurez ſur ces petits gemeaux
Que Cloris eſleuoit.

SESTIANE.

Tous deux eſtoient fort beaux.
L'on admiroit en eux ſur tout la reſſemblance,
Le pere de Cloris n'en eut point connoiſſance :
On les faiſoit nourrir en des lieux écartez;
En fin les voila grands, aimez de cent beautez.
Le viſage de l'vn tout à l'autre ſemblable
Fait naiſtre tous les iours quelque intrigue agreable.
Cet aɕte ſeroit plein de plaiſantes erreurs;
Meſme on y peut meſler quelques douces fureurs.

AMIDOR.

Vraiement vous l'entendez.

SESTIANE.

I'entens vn peu ces choſes,
Car l'ay leu les Romans & les Metamorphoſes.
Dedans l'aɕte quatrieſme. O Dieux! cher Amidor;
I'entens quelqu'vn venir pour nous troubler encor;
Tirons nous à l'eſcart. Cependant, Heſperie,
Si quelqu'vn ſuruenoit; parlez-luy ie vous prie,
Ie luy diray le reſte icy dans quelque lieu.

AMIDOR.

Allons, ma Melpomene, & vous ma Nymphe, Adieu.

SESTIANE.

Vous verrez ſi la fin eut iamais ſon égale.

HESPERIE.

Quoy? ſeule auecques luy?

SESTIANE.

Ce ſera ſans ſcandale.

C iiij

Nous ne sommes qu'esprit, & pour estre à l'escart,
Le corps en nos amours ne prend aucune part.

SCENE V.

ARTABAZE. MELISSE. FILIDAN. HESPERIE.

ARTABAZE.

O DIEVx! quelle pitié! ie suis couru des Dames,
Mais ie ne puis tout seul soulager tant de flames.
MELISSE.
O mon cher Alexandre, helas! me fuyez-vous?
Alexandre Artabaze, appaisez ce courroux.
ARTABAZE.
l'ay trop d'amour ailleurs, ie ne puis vous entendre.
MELISSE.
Ie vous suiuray par tout, ô mon cher Alexandre.
FILIDAN,
Cet éclair de beauté vient de parestre icy,
Arreste, ma cruelle, arreste mon soucy.

SCENE VI.

ALCIDON. HESPERIE.

ALCIDON.

QVEL bruit ay-je entendu?
HESPERIE.
Que ie suis miserable!
ALCIDON.
Qu'auez-vous à pleurer?
HESPERIE.
Ah! que ie suis coupable.
ALCIDON.
Quoy donc, elle s'accuse? helas ie suis perdu.
l'ay pour la marier vn peu trop attendu.

Ie sçauois que la garde en estoit dangereuse.
Quel mal auez-vous faict?

HESPERIE.
                    O beauté mal-heureuse!

ALCIDON.
La meschante a forfaict sans doute à son honneur,
Mais ie veux estrangler le traistre suborneur.
Quel mal as-tu donc faict?

HESPERIE.
                    Ah! le pourrez-vous croire?
Ie pensois de vos iours estre l'heur & la gloire:
Mais ie suis vostre honte & le fatal tison
Qui remplira de feu toute vostre maison.

ALCIDON.
Et de crainte & d'horreur tout le corps me chancelle,

HESPERIE.
Ah! qu'à vostre malheur vous me fistes si belle.

ALCIDON.
Rends donc de mon malheur mon esprit éclaircy.

HESPERIE.
Quel spectacle, bons Dieux, ie viens de voir icy?
O mes yeux criminels, versez, versez des larmes
Sur ce cruel amas de beautez & de charmes.
C'est vous, mes chers tresors, qui causez ces malheurs.

ALCIDON.
Au moins pour me parler, apaise tes douleurs.

HESPERIE.
Puis que vous le voulez, i'ay honté, ie l'auoüe:
Mais pour dire nos maux, il faut que ie me loüe.
Dés que i'ouuris les yeux pour regarder le iour,
Ie les ouuris aussi pour donner de l'amour.
Ceux qui me pouuoient voir, m'aimoient dés mon
    enfance,
Au moins de mes beautez adoroient l'esperance:
Chacun contribuoit à mes ieunes plaisirs;
Et ma beauté croissant, croissoient tous les desirs.
En fin ie deuiens grande, & quelque part que i'aille,
Mes yeux à tous les cœurs liurent vne bataille.
L'vn dit, ie suis blessé; l'autre dit, ie suis mort:
L'vn pense resister à mon premier effort:
                                C y

Sur ce simple regard d'vn plus vif ie redouble,
Soudain le teint blêmit, voila l'œil qui se trouble.
Le bruit de ma beauté se répand en tous lieux,
Et l'on ne parle plus que des coups de mes yeux.
Mille Amans sur ce bruit a des flames si belles
Ainsi que papillons viennent brûler leurs aisles.
Ie rencontre par tout des visages blesmis ;
Des yeux qui font des vœux à leurs doux ennemis:
Ie suis comme vn miracle en tous endroicts suiuie,
Et mesme en ma faueur ie fay parler l'enuie.
Enfin tous les Amants qui viuent sous les cieux,
Se trouuent asseruis au pouuoir de mes yeux.
Voila donc nostre gloire ; ah! disons nostre honte.
Tandis d'autres beautez on ne faict plus de compte,
On s'adresse à moy seule, & pas vn seul mortel
Pour offrir son encens ne cherche vn autre Autel.
Ainsi mes pauures sœurs : ah! de douleur ie creue.
La parole me manque.

ALCIDON.

Helas! ma fille, acheue.

HESPERIE.

Doncques mes pauures sœurs se voyant sans Amant,
Qu'elles iettent sur tous leurs regards vainement,
Sont reduites en fin à ces malheurs extrêmes.
Qu'elles vont rechercher les hommes elles mesmes.
L'vne faisant semblant de conferer de vers,
Court apres vn Poëte ; & dans des lieux couuerts,
Esloignez de mes yeux, tasche à gagner son ame.
L'autre se void reduite à cette honte infame
De suiure vn Capitaine, à toute heure, en tous lieux,
Au veu de tout le monde,

ALCIDON.

Est-il possible ? ô Dieux!

HESPERIE.

En le nommant son cœur, & son cher Alexandre.
Mais iugez quel secours elles peuuent attendre.
C'est pour moy seulement que l'vn faict tant de vers ;
Et l'autre pour moy seule a couru l'Vniuers,
A vaincu cent guerriers sur la terre & sur l'onde
Pour me faire auoüer la plus belle du monde,

Voyez si i'ay suiet de répandre des pleurs,
D'accuser ma beauté, source de nos malheurs,
Qui cause au lieu de gloire vne honte eternelle.
Ah! mon pere, pourquoy me fistes vous si belle?

ALCIDON.

Osent-elles, bons Dieux, tesmoigner leur ardeur?
A ce compte vos sœurs ont perdu la pudeur.
Mais n'est-ce point aussi trop d'amour de vous mesme,
Qui vous faict quelquefois refuser que l'on vous aime?
Ie n'entens point parler de tous ces amoureux.

HESPERIE.

Si i'auois moins d'Amans, nous serions plus heureux.

ALCIDON.

Mais l'amour de vos sœurs est-ce chose certaine?

HESPERIE.

Vous le pourrez sçauoir, voila le Capitaine.

ALCIDON.

Ie veux l'entretenir, retirez-vous d'icy.
I'auray sur ce sujet mon esprit éclaircy.

SCENE VII.

ARTABAZE. ALCIDON.

ARTABAZE.

BON homme, approchez-vous, venez me rendr
hommage.

ALCIDON.

Valeureux fils de Mars, & sa viuante image,
I'adore auec respect vostre illustre grandeur,
Et de vos faicts guerriers i'admire la splendeur.

ARTABAZE.

Il me gagne le cœur, l'humilité me charme:
C'est ce qui m'adoucit, c'est ce qui me desarme.
Vous auez vne fille?

ALCIDON,

Ouy, Guerrier, i'en ay trois.

ARTABAZE.

I'eusse esté, s'il m'eust pleu, le gendre de cent Rois.

C vj

Ie veux vous combler d'heur, il m'en prend fantaifie!
En deuffent tous ces Rois creuer de jaloufie.

ALCIDON.

De deux filles que i'ay ; fi l'on m'a bien inftruit,
Vous en pourfuiuez l'vne , & l'autre vous pourfuit,

ARTABAZE.

Quoy ? i'en pourfuis quelqu'vne ? ah ! quelle refuerie!

ALCIDON.

N'eftes-vous pas Amant de ma fille Hefperie?

ARTABAZE.

Quelle eft cette Hefperie ? ô Dieux ! cette beauté
Se mefle d'attenter à cette vanité?
Vanité temeraire, & digne de fupplice,
Qu'à peine fouffrirois-je en vne Imperatrice.
Moy que mille beautez pourchaffent à l'enuy?
Que ie fuis d'elles par tout à toute heure fuiuy;
Qui n'ay qu'à regarder celle qui me peut plaire,
Pour dire, allez, c'eft vous que ie veux fatisfaire.
Entr'autres la conftance , & l'ardente amitié
D'vne qui me pourfuit, vous feroit bien pitié,
Qui me nomme fon tout, & fon cher Alexandre.

ALCIDON.

C'eft ma fille.

ARTABAZE.

Il eft vray , l'on vient de me l'apprendre.
Certes , elle ne cede à nulle de ces lieux.
Et peut bien meriter vn regard de mes yeux:
Mais iugez de combien elle s'eftoit trompée:
Ayant fceu les pays conquis par mon efpée?
Ayant oüy parler de mes faicts glorieux,
Qui m'ont de l'Vniuers rendu victorieux;
Son efprit fe bornoit à ne pouuoir comprendre
Sinon qu'elle voyoit vn fecond Alexandre.
Ce nom me fafchoit fort , comme indigne de moy.
Car bien qu'il fuft vaillant, bien qu'il fuft vn grãd Roy,
Peut eftre au quart du monde il fit iadis la guerre,
Et pour moy i'ay conquis tout le rond de la terre.

ALCIDON.

Hé quoy ? ie n'ay point leu l'hiftoire de vos faicts:
Où vend-on ce beau liure?

ARTABAZE.

Il ne parut iamais.
L'autheur qui me suiuit en ce fameux voyage,
Auec tous ses escrits perit par vn naufrage.
De vostre fille en fin i'ay détrompé l'esprit,
Qu'on me nomme Artabaze, & qu'elle se méprit
Alors qu'elle pensa que j'estois Alexandre.
I'ay bien eu quelque peine à luy faire comprendre,
Tant elle estoit brouillée en son entendement.
Mais elle a faict alors vn coup de iugement.
Pour gagner mon amour par vn beau stratageme,
Elle feint sur le champ vne colere extreme:
Mesmes elle ose bien passer iusqu'au mespris:
Son dessein reüssit, soudain i'en suis espris:
Mon cœur luy faict present de sa noble franchise,
Car ie fuy qui me suit, j'ayme qui me mesprise.
Nul ne sçauroit plus haut porter l'ambition
Que d'oser renuier sur ma presomption:
C'est vn trait genereux, & d'vn hardy courage;
Aussi pour ce suiect ie l'aime dauantage.
Ie veux croire qu'vn iour il naistra de nous deux,
Vn des plus grands guerriers & des plus hazardeux,
Vn qui se fera voir sur la terre & sur l'onde
Mon digne successeur à l'Empire du monde.

ALCIDON.

Vous estes Empereur?

ARTABAZE.

Ie le suis en pouuoir,

ALCIDON.

Il faut donc deuant vous estre dans son deuoir.

ARTABAZE.

Couurez-vous, ces respects ne sont que tyrannies,
Ie ne m'amuse pas à ces ceremonies.

ALCIDON.

Vous deuriez donc auoir en cette qualité
Grand nombre de suiuans.

ARTABAZE.

Ce n'est que vanité:
A garder mes Estats ma suite est occupée,
Ie suis, il me suffit, suiuy de mon espée.

ALCIDON.

Vous me ferez faueur si vous me racontez
Où sont ceux maintenant que vous auez domptez.
Sont-ils morts ou captifs tous ces Rois & ces Princes?

ARTABAZE.

Non, ie leur ay faict grace, ils sont dãs leurs Prouinces:
Mais ils sont seulement décheus de leurs honneurs:
Car au lieu d'estre Rois , ce sont des Gouuerneurs.

ALCIDON.

Quel temps auez-vous mis à conquerir la terre?

ARTABAZE.

En vn mois à peu près i'acheuay cette guerre.
Ie pris , s'il m'en souuient , l'Europe en quatre iours:
Et sans de ma victoire interrompre le cours,
Ie fis voile en Asie, & passant le Bosphore
En six iours ie dompray les peuples de l'Aurore.
En deux iours ie ruins de ces lieux reculez,
Ie passay la mer Rouge , & les sablons brûlez,
Puis en moins de huict iours ie pris toute l'Afrique:
De là passant les flots de la mer Atlantique.
Ie conquis les climats de nouueau déouuers,
Et fus au bout du mois maistre de l'Vniuers,

ALCIDON.

O Dieux ! que la valeur est chose merueilleuse?
Quelle vertu peut estre à ce point glorieuse?
Elle porte par tout l'espouuante & la mort:
Tout fleschit sous ses loix , tout cede à son effort:
Elle donne ou rauit & les biens & la vie,
Et rend sous son pouuoir toute chose asseruie.

ARTABAZE.

Il est vray , la valeur est la haute vertu
Par qui rien n'est si grand qui ne soit abatu.

ALCIDON.

D'elle nous vient la paix , d'elle vient la richesse,
D'elle vient la grandeur , d'elle vient la noblesse:
C'est l'appuy du pays , le lustre des maisons,
Elle est vtile en fin pour cent mille raisons.
Ie tiens à grand honneur de vous auoir pour gendre.
A peine à cette gloire eussé-je osé pretendre,

ARTABAZE.
Ie vous veux rendre heureux.
ALCIDON.
O l'excez de bonté
Qui part de la grandeur de voftre Majefté !
ARTABAZE.
Vous fçauez plaire aux Grands.
ALCIDON.
Vous voyez ma demeure.
Vous pourrez vous y rendre au plus tard dás vne heure.
Ie m'en vay voir ma fille, afin de l'aduertir
Que de fes beaux habits elle doit fe veftir.
ARTABAZE.
Elle me plaift affez en l'habit ordinaire,
Mais i'ay peur qu'elle craigne vne humeur fanguinaire,
V.n homme de carnage, & de meurtre, & d'horreur,
Et dont les fiers regards donnent de la terreur.
ALCIDON.
Adouciffez vn peu cette mine hautaine.
ARTABAZE.
Bien donc, Adieu, bon homme.
ALCIDON.
Adieu, grand Capitaine.

ACTE CINQVIESME.

SCENE PREMIERE.

ALCIDON.

A Richeſſe, l'Amour, le Sçauoir, la Vail-
 lance.
La Richeſſe, l'Amour, la Valeur, la
 Science.
Ie croy que ce ſont quatre, il ne m'en
faut que trois.
Il faut qu'encore vn coup ie compte auec mes doigts.
L'Amitié, le Sçauoir, la Valeur, la Richeſſe.
O bons Dieux! ce ſont quatre à qui i'ay faict promeſſe:
I'ay ſeulement chez moy trois filles à pouruoir.
Ces gendres cependant viendront icy ce ſoir.
Qui dois-ie rebuter? qui dois-ie ſatisfaire?
A qui de tous ces quatre oſeray-ie déplaire?
Ah! c'eſt vn ennemy que j'auray ſur les bras,
Quelle confuſion? bons Dieux! quel embarras?
Voyons qui ie pourrois rebuter de ces quatre.
Choiſiſſons l'ennemy le plus doux à combatre.
Celuy de qui paroiſt l'exceſſiue amitié,
Acquiſt ma bien veillance en me faiſant pitié:
Auſſi c'eſt vn bonheur le plus rare du monde
Quand ſur l'honneſteté quelque amitié ſe fonde.
Mais ie veux que mon cœur ait bien la dureté
De voir ce pauure Amant triſtement rebuté:
Le voila dans les pleurs, le voila dans les plaintes:
Tandis des meſdiſans nous aurons mille atteintes:
I'ay pitié, dira-t-on, de ce pauure affligé:
Mais la fille auoit tort de l'auoir engagé.

Sans de grandes faueurs il eſt hors d'apparence
Qu'il ait peu conceuoir vne grande eſperance,
Ie ne puis me reſoudre à ſouffrir ces diſcours,
Ny meſme à ruïner de ſi tendres amours.
Pourrois-ie rebuter celuy dont la doctrine
Paroiſt comme vn rayon de ſageſſe diuine?
I'ay touſiours reueré les gens de grand ſçauoir :
Et ſi ie le meſpriſe, il s'en va s'eſmouuoir:
Il s'en va contre moy compoſer des hiſtoires,
Et quelque gros recueil d'eſcrits diffamatoires:
Le courroux d'vn ſçauant eſt des plus dangereux ;
Ie ne veux point tenter d'eſtre ſi malheureux.
Auſſi d'autre coſté pourray-ie auec rudeſſe
Te chaſſer de chez moy, venerable Richeſſe?
Nourrice des humains ? cher & puiſſant ſecours?
I'aurois bien merité le reſte de mes iours
De voir deuant mes pieds, pour eternel ſupplice,
De la neceſſité le triſte precipice.
Puis manquant de promeſſe à cet homme puiſſant,
Il peut par ſa richeſſe opprimer l'innocent:
Contre vn riche ennemy, l'on a peu de deffence.
Il pourroit mediter quelque inſigne vengeance ;
M'imputer quelque crime, appoſter des teſmoins,
Me priuer & de biens, & d'honneur pour le moins ;
Et n'eſtant pas de mort la Sentence ſuiuie,
Payer des aſſaſſins pour me priuer de vie.
Dieux ! ie n'ay pas encor ſi peu de iugement,
Que manquer de reſpect pour vn ſi riche Amant.
Mais oſerois-ie auſſi meſpriſer la Vaillance,
Qui donne tout à l'humble, & punit qui l'offence?
S'il ſçauoit ſeulement que j'euſſe oſé douter
Pour l'accepter pour gendre, ou pour le rebuter;
Vn ſeul de ſes regards, ainſi qu'vn trait de foudre,
Seroit aſſez puiſſant pour me reduire en poudre.
Sans doute il pourroit bien, auec quelque raiſon,
Sur ce cruel meſpris ſaccager ma maiſon.
A quoy ſuis-ie reduit ? quel conſeil dois-ie prendre?
Tout me plaiſt & me nuit : mais i'apperçoy Lyſandre.

SCENE II.

ALCIDON.   LYSANDRE.

ALCIDON.

DE voftre gayeté le fujet eft-il grand?
LYSANDRE.
Ie viens d'accommoder vn plaifant differend.
J'ay veu de toutes parts vne troupe accouruë
Au bruit d'vne querelle en la prochaine ruë,
C'eftoit d'vn grand Poëte auec vn grand Guerrier,
Le Guerrier fuyoit l'autre en l'appellant Sorcier:
Et le Poëte apres, qui d'vne voix hautaine
Crioit que des Poltrons c'eftoit le Capitaine.
Venez, leur ay-je dit, ie vous veux accorder.
Puis j'ay dit au Guerrier, ie veux vous demander:
Ceux qui fous vos drapeaux marchent dás les batailles,
Ce ne font que poltrons, ce ne font que canailles,
Si deux auecques vous on faict comparaifon,
Vous eftes des poltrons chef par cette raifon:
C'eft ainfi qu'il l'entend. Bon, dit-il, de la forte.
Vous, chery d'Apollon, c'eft honneur qu'il vous porte,
En vous nommant Sorcier: par vos vers rauiffans
Vous nous enforcelez, vous enchantez nos fens,
C'eft ainfi qu'il entend que vous faites des charmes.
J'ay mis ainfi d'accord les Mufes & les Armes.
ALCIDON.
Peuffiez-vous auffi bien foulager mes ennuis,
Et me débaraffer de la peine où ie fuis.
LYSANDRE.
Quel tourment auez-vous?
ALCIDON.
                              Ah! vous allez l'entendre.
La peine où ie me treuue eft d'auoir trop d'vn gendre.
LYSANDRE.
Quoy? vous en auez trop? où les auez-vous pris?
ALCIDON.
Ie n'en voulois que trois, mais ie me fuis mefpris.

Ma parole est à quatre à present engagée;
Et c'est là le tourment de mon ame affligée:
Ils s'en vont tous icy paroistre en vn moment,

LYSANDRE.

Qui sont-ils?

ALCIDON.

Vous sçauez ce miserable Amant,
Et celuy qui possede vne grande Richesse,
A qui i'ay faict tantost deuant vous ma promesse:
Quand i'ay treuué ce riche, vne heure auparauant
Ie m'estois engagé pour vn homme Sçauant;
Depuis, sur quelque bruit faisant icy la ronde
Ie n'ay peu refuser au plus Vaillant du monde:
Voila doncques les quatre à qui tous j'ay promis;
Et si ie manque aux vns, i'en fay des ennemis.
Chacun également me semble desirable,
Et nul dans le mespris ne sera supportable.

LYSANDRE.

Hé quoy? pour ce malheur se faut-il estonner?

ALCIDON.

Lysandre, quel conseil me pourriez-vous donner?
Pour moy ie suis confus.

LYSANDRE.

Pauure homme que vous estes;
On peut dans les accords trouuer mille defaites.
L'vn d'eux peut estre exclus sans en estre irrité.

ALCIDON.

Pour moy ie n'entens point tant de subtilité.
Vous estes mon conseil, vous estes mon refuge,
Ie mets tout en vos mains, & vous en fay le Iuge.

LYSANDRE.

Puisque vous le voulez, laissez-les donc venir,
Tandis voyons Melisse, il faut l'entretenir.

ALCIDON.

Dieux! que vous me rendez vn charitable office;
Ie m'en vay l'appeller: venez icy, Melisse.

LYSANDRE.

Il faut auparauant sçauoir sa volonté.

ALCIDON.

Elle suit mon vouloir, ie n'en ay point douté.

SCENE III.

LYSANDRE. MELISSE. ALCIDON.

LYSANDRE.

MELISSE, sçauez-vous pourquoy l'on vous appelle?

MELISSE.

Ie ne sçay.

LYSANDRE.

Pour vous dire vne bonne nouuelle,
Alcidon vous marie.

MELISSE.

Helas! que dites-vous?
Ie veux plustost la mort.

LYSANDRE.

Moderez ce courroux.

MELISSE.

Ie souffrirois qu'en moy quelqu'vn osast pretendre,
Apres ce que j'ay leu du vaillant Alexandre?
Mon cœur qui dés long-temps adore sa grandeur,
Pourroit se voir espris d'vne plus vile ardeur:
Mille coups perceroient ce cœur traistre & volage,
S'il auoit entrepris d'effacer son image.

ALCIDON.

Helas! ma fille est folle.

MELISSE.

Ah! ie ne la suis point.
Qu'on me donne vn mary valeureux à ce point:
Vn qui deuant trente ans ait gagné cent batailles,
Qui seul se soit lancé du plus haut des murailles
Dans vn bourg assiegé parmy tant d'ennemis:
Et qui dessous ses loix ait cent peuples soufmis.

ALCIDON.

Oüy, i'ay trouué ton homme.

MELISSE.

En est-il sur la terre?

ALCIDON.

J'ay celuy qu'il te faut, vn grand homme de guerre,
Vn plus grand qu'Alexandre, vn qui dedans vn mois
A faict à l'Vniuers reconnoistre ses loix.

LYSANDRE.

Quel est ce grand guerrier? c'est pour luy faire acroire.

ALCIDON.

Non, luy-mesme tantost m'a conté son histoire.

LYSANDRE.

Vous estes fol vous-mesme, ô Dieux! le croyez vous?

MELISSE.

N'est-ce point Artabaze?

ALCIDON.

Oüy.

MELISSE.

Ce maistre des foux?
Pourroit-on rencontrer vn plus lasche courage?
Mais, mon pere, que sert de parler dauantage?
Rien ne me peut resoudre au lien conjugal
Si ce n'est Alexandre, ou du moins son égal.

ALCIDON.

O Dieux!

LYSANDRE.

Que voulez-vous, c'est là sa resuerie.
Mais sans perdre le temps appellez Hesperie;
Elle sera plus sage.

ALCIDON.

Helas! quelles douleurs?
J'entre par sa folie en de nouueaux malheurs.

SCENE IV.

LYSANDRE. HESPERIE. ALCIDON. MELISSE.

LYSANDRE.

HE' bien, belle Hesperie, Alcidon ce bon pere
Vous marie aujourd'huy: c'est de vous qu'il espere
Vn cœur obeïssant : vous aurez à choisir.

HESPERIE.

Helas ! ie le sçay bien c'est tout mon desplaisir :
De vray ie puis choisir entre pres de cent mille :
Mais funeste richesse ! abondance inutile !
Si j'en vay choisir vn , quel barbare dessein ?
Ie mets à tout le reste vn poignard dans le sein.

ALCIDON.

Vous croyez vn peu trop que chacun vous adore.

HESPERIE.

Ah ! quel aueuglement ? en doutez vous encore ?
Voulez-vous publier que ie vay faire vn choix,
Pour voir combien d'Amans viuent dessous mes loix ?
Ah ! mon pere, l'espreuue en seroit trop cruelle.
Voudriez-vous à ce poinct me rendre criminelle ?
Soudain que l'on verroit l'heureux choix de mes yeux,
Ce glorieux Amant , ce fauory des cieux ,
Les autres hors d'espoir, tristes & miserables
Feroient tout retentir de cris espouuentables :
Les vns se noyeroient aux plus prochaines eaux ;
D'autres iroient chercher le secours des cordeaux :
Les vns se lanceroient du haut des precipices :
Ie verrois deuant moy les sanglans sacrifices
Des autres dont la main finiroit le malheur ;
Et le reste mourroit de sa propre douleur.
Mon ame seroit bien en cruauté feconde ,
D'exterminer pour vn , tout le reste du monde.

ALCIDON.

Bons Dieux ! quelle folie ?

HESPERIE,

                    Ah ! pour l'heur d'vn Amant,
Voudriez-vous que le reste entrast au monument ?
Non , ie n'en feray rien , ie n'ay pas ce courage :
Ie me veux pour iamais priuer du mariage.

ALCIDON.

Est-ce ainsi que l'on suit mon vouloir absolu ?

LYSANDRE.

Vous voyez, Alcidon, ce qu'elle a resolu.

Nous ne luy ferons pas changer de fantaisie.
ALCIDON.
Ma douleur qui s'accroist, rend mon ame saisie.
Dieux ! que pourray-ie dire à tous ces Amoureux?
HESPERIE.
Que plustost que mourir ils viuent malheureux.
ALCIDON.
Tousiours dans son erreur cette folle s'engage,
Mais voicy Sestiane, elle sera plus sage.

SCENE V.

LYSANDRE. SESTIANE. ALCIDON, HESPERIE. MELISSE.

LYSANDRE.

VEnez, belle parente, on vous veut marier.
SESTIANE.
Pour moy, n'en parlons point:mais ie viés vous prier,
Si l'vne de mes sœurs aujourd'huy se marie,
Au moins apres souper ayons la Comedie.
Sans en auoir le soin, laissez-la moy choisir,
I'en sçais vne nouuelle où vous prendrez plaisir.
LYSANDRE.
Pour moy, ie preuoy bien, si l'on n'y remedie
Que ces nopces pourront finir en Comedie.
ALCIDON.
Mais ie veux dés ce soir vous marier aussi.
SESTIANE.
Il ne faut point pour moy vous mettre en ce soucy.
Ie ne veux de ma vie entrer en mariage,
Ne pouuant pas porter les soucis d'vn mesnage.
Puis ie rencontrerois quelque bizarre humeur,
Qui dedans la maison feroit vne rumeur
Quand ie voudrois aller à quelque Comedie:
Pour moy qui ne veut pas que l'on me contredie :
Quand il le defendroit, ie dirois, ie le veux?
Et s'il donnoit vn coup, j'en pourrois rendre deux.

Si l'on doit se trouuer en quelques assemblées,
Aussi tost des maris les testes sont troublées:
Ils pensent que c'est là que se void le galant;
Que se donne l'œillade, & le poulet coulant:
Les pieces que l'on ioüe en ces nuicts bienheureuses
Ne parlant que d'amour, leurs semblent dangereuses:
Pensez-vous, disent-ils, qu'on vous veüille souffrir
A dormir tout le iour, & la nuict à courir?
Mais leur plus grand despit est facile à connoistre,
C'est que dedans ces lieux ils n'oseroient parestre:
Car on dit aussi tost, Voyez-vous le ialoux?
Il suit par tout sa femme; & comme à des Hiboux
Qui dès gentils oiseaux sont la haine & la crainte,
Chacun veut de son bec leur donner vne attainte.
Ie ne veux point, mon pere, espouser vn censeur.
Puisque vous me souffrez receuoir la douceur,
Des plaisirs innocens que le theatre apporte,
Prendrois-ie le hazard de viure d'autre sorte?
Puis on a des enfans qui vous sont sur les bras:
Les mener au theatre, ô Dieux! quel embarras?
Tantost couche, ou grossesse, ou quelque maladie
Pour iamais vous font dire, Adieu la Comedie:
Ie ne suis pas si sotte; aussi ie vous promets
Pour toutes ces raisons d'estre fille à iamais.

LYSANDRE.

A voir comme elle parle, vn homme bien habile
Auroit peine à la vaincre.

ALCIDON.

               O mon choix inutile
De ces rares partis qu'il faut congedier.
Si pas vne à present ne se veut marier.
N'agueres ie croyois n'auoir trop que d'vn gendre;
Mais, bons Dieux! maintenant i'en ay quatre à reuédre.
Mes filles est-ce là le respect qui m'est deu?

LYSANDRE,

Ie voy desia venir vn gendre pretendu.
Prenez garde, Alcidon, c'est l'amant ce me semble.

ALCIDON.

Que luy pourray-je dire? ah! tout le corps me tremble.

SCENE

SCENE VI.

FILIDAN. LYSANDRE. ALCIDON.
HESPERIE. MELISSE. SESTIANE.

FILIDAN.

EN fin c'est à ce coup, mes yeux seront rauis.

LYSANDRE.

Laquelle aimez-vous donc?

FILIDAN.

      Iamais ie ne la vis,
Ie ne sçay quelle elle est.

LYSANDRE.

     O Dieux ! est-il possible ?
Est-ce là cette amour qui vous rend si sensible ?

FILIDAN.

Mais faites moy donc voir cette rare beauté,
De qui le seul recit m'a l'esprit enchanté :
Vous me l'auez promis, ce desir me deuore.
Faites-la moy donc voir, la beauté que j'adore,
M'auiez-vous pas remis à la fin de ce iour ?

ALCIDON.

De mes filles voyez laquelle a vostre amour.

FILIDAN.

Non, ie ne voy point là cet objet adorable.

HESPERIE.

Il n'ose me nommer, ô respect admirable !

SCENE VII.

FILIDAN. AMIDOR. ALCIDON. LYSANDRE.
MELISSE. HESPERIE. SESTIANE.

FILIDAN.

C'Est se mocquer de moy : faites moy voir cet or,
Cet azur, ce coral, cet aimable tresor.

AMIDOR.

Il parle d'vn objet qu'il adore en idée,
Et sur mon seul discours cette amour est fondée.

D

C'est vn fantasque objet que ma Muse a produit:
En vain ce pauure Amant le cherche & le poursuit.

FILIDAN.

Il ne m'importe donc, mon ame en est rauie.
Ie te veux, belle Idée, aimer toute ma vie.

ALCIDON.

O Dieux ! quelle folie ?

LYSANDRE.

Il est fort satisfaict.
Courage, c'en est vn dont vous voila défait.

ALCIDON.

Mais c'est là ce sçauant.

LYSANDRE.

Hé quoy ! c'est mon Poëte,
Pour luy ie vay bien-tost trouuer vne défaicte.
Et vous, grand Apollon, que cherchez-vous icy?

AMIDOR.

Ie viens rendre, Alcidon, vostre esprit esclaircy.
Tantost estant troublé d'vne surprise grande,
D'vne de ces beautez j'ay tenté la demande,
Ne sçachant que vous dire en cet estonnement:
Puis vn faiseur de vers feint tousiours d'estre amant.
Mais, pour dire le vray, nulle amoureuse flame
Depuis que ie suis né n'est entrée en mon ame.
D'Helicon seulement j'ayme le noble val,
Et l'eau fille du pied de l'emplumé cheual:
I'ayme les bois, les prez, & les grottes obscures,
I'ayme la Poësie, & ses doctes figures.
Dans mon commencement, en l'Auril de mes iours,
La riche Metaphore occupa mes amours:
Puis j'aymay l'Antithese au sortir de l'Eschole:
Maintenant ie me meurs pour la haute Hyperbole:
C'est le grand ornement des magnifiques vers:
C'est elle qui sans peine embrasse l'Vniuers;
Au ciel en vn moment on la void eslancée;
C'est elle qui remplit la bouche & la pensée.
O ma chere Hyperbole, Hyperbole mon cœur,
C'est toy qui d'Atropos me rendras le vainqueur.

SCENE VIII.

LYSANDRE. ALCIDON. PHALANTE. FILIDAN.
AMIDOR. MELISSE. HESPERIE. SESTIANE.

LYSANDRE.

VOvs voir bien satisfaict c'est ce qui nous contente.
Mais en voicy quelqu'autre.

ALCIDON.

Ah ! bons Dieux, c'est Phalante.
Celuy dont la richesse est sans comparaison.
Sur tout ie suis épris de sa belle maison.
Melisse à son bonheur auroit l'esprit contraire
Ne trouuant point en luy dequoy se satisfaire.

LYSANDRE.

Au recit de ses biens ie m'en vay l'engager;
Et l'humeur de Melisse en pourroit bien changer.
Pour passer auec vous l'accord du mariage,
Il faut voir vostre pere auant que l'on s'engage.

PHALANTE.

Il est mort, & ma mere.

LYSANDRE.

O Dieux ! quelle douceur !
Desia de tous ces biens vous estes possesseur?

PHALANTE.

Non, de biens j'en ay peu, mes oncles m'entretiennent.

LYSANDRE.

Ceux à qui tous ces biens maintenant appartiennent,
N'ont point doncques d'enfans ? & vous en heritez ?

PHALANTE.

D'enfans ? ils en ont tous en quelques quantitez;
Mais ils sont tous mal sains, les vns sont pulmoniques.
Les autres caterreux, les autres hydropiques;
Il ont la mine au moins de tomber en ces maux:
Puis à quoy sont subjets les mortels animaux ?
Ils ne faut qu'vn malheur, vne peste, vne guerre,
Pour mettre en vn moment tous ces parens par terre:
Alors me voila riche ; & ne sçauez vous pas
Qu'on void en peu de iours tant de testes à bas?

D ij

LYSANDRE.
Ce sont là vos tresors ? c'est là ceste abondance ?

ALCIDON.
La mort de vos parens est donc vostre esperance ?

PHALANTE.
Cela peut arriuer de moment en moment.

LYSANDRE.
Et ie m'estois promis vn si beau logement
Dedans ceste maison où ie pensois m'esbatre.
Mais donc qui la possede ?

PHALANTE.
Elle appartient à quatre.

LYSANDRE.
N'ont-ils point de lignée ?

PHALANTE.
Il ont tous des enfans.

LYSANDRE.
Adieu, belle maison, & beaux arcs triomphans,
Adieu courts, anticours, Adieu belle auenuë,
Vous, fontaines, Adieu, qui touchiez à la nuë,
Adieu lambris dorez, Adieu meubles diuers,
Logemens des Estez, logemens des Hyuers,
Adieu cet ordre esgal de colomnes Doriques,
Adieu ce riche amas de figures antiques,
Adieu larges canaux, beaux jardins rauissans,
Adieu ce riche parc qui nous charmoit les sens,
Adieu belle Niobe, Adieu voutes liquides,
Adieu beaux orangers, Adieu les Danaïdes :
Beau lieu de qui l'espoir nous auoit resiouïs,
Vos miracles soudain se font esuanouïs.

ALCIDON.
Nous vous remercions, ô Riche imaginaire,
De l'honneur excessif qu'il vous plaisoit nous faire.

PHALANTE.
Auec mes biens d'espoir ie me ry des malheurs.

LYSANDRE.
Vous en pouuez iouïr sans craindre les voleurs.

ALCIDON.
Mais ie crains celuy-cy.

LYSANDRE.

Quoy ? c'est mon Capitaine.
Ie cognois sa valeur, n'en soyez pas en peine.

SCENE DERNIERE.

ARTABAZE. LYSANDRE. ALCIDON.
FILIDAN. AMIDOR. PHALANTE.
MELISSE. HESPERIE. SESTIANE.

ARTABAZE.

HE' bien, mes bons amis, vous estes assemblez:
C'est pour me receuoir: Ie croy que vous tremblez?
A peine souffrez-vous mes regards effroyables :
Ie veux pour vous parler les rendre supportables, :
Car ie ne pourrois pas sans cet aiustement,
Auec nul des mortels conuerser vn moment.

LYSANDRE.

Ceste faueur est grande.

ARTABAZE.

Elle n'est pas commune.
Souffrez donc, mes amis vn reuers de fortune:
Vous allez trebucher du faiste du bonheur.
Ie vous ay faict, bon homme, esperer vn honneur,
Honneur que Iupiter ose à peine pretendre,
De me loger chez vous , & de m'auoir pour gendre,
Ie viens vous aduertir que c'est mon passetemps
De rendre quelquefois des peres bien contens,
Leur faisant conceuoir cette haute esperance.
Mais i'ay pitié de vous , & de vostre innocence.
Sans vous faire languir dans l'espoir d'estre heureux,
De vos filles iamais ie ne fus amoureux :
Bon homme, supportez cette douleur extresme,
Car ie suis seulement amoureux de moy-mesme.

LYSANDRE.

Tant s'en faut, grand Guerrier, si vous estes content,
Ie n'en voy point icy qui ne le soit autant.
Doncques peu d'entre vous veulent du mariage :
Vous n'estes pas si fous, car fol est qui s'engage.

Voila donc, Alcidon, vostre esprit deschargé,
Puis qu'au lieu de se plaindre on vous donne congé.
Vostre cœur est-il gay , mes parentes iolies?
Enfans, joüissez tous de vos douces folies;
Ne changez point d'humeur : plus heureux mille fois
Que les sages du temps , les Princes ny les Rois.
Que l'vne aime toûsiours son vaillant Alexandre.
Que l'autre tous les cœurs puisse à iamais pretendre:
L'esprit de celle-cy peut brauer le malheur,
Aimant la Comedie auec tant de chaleur:
Que l'vn de son Idée en fasse son idole:
L'autre toute sa vie adore l'Hyperbole:
L'vn attende toûsiours la mort de ses parens:
Et l'autre plus heureux que tous les Conquerans,
Demeure satisfaict de sa valeur extresme,
Et soit iusqu'au trespas amoureux de luy mesme.

F I N.

PRIVILEGE DV ROY.

LOVIS par la grace de Dieu Roy de France & de Nauarre. A nos amez & feaux Conseillers les Gens tenans nos Cours de Parlement, Maiftres des Requeftes ordinaires de noftre Hoftel, Baillifs, Seneschaux, Preuofts, leurs Lieutenans, & à tous autres de nos Iufticiers & Officiers qu'il appartiendra. Salut. Noftre cher & bien amé IEAN CAMVSAT Marchand Libraire Iuré en noftre bonne ville de Paris, Nous a fait remonftrer qu'il defireroit faire imprimer vne Comedie intitulée, LES VISIONNAIRES, s'il nous plaifoit de luy accorder nos Lettres fur ce neceffaires humblement nous requerant icelles. A CES CAVSES, Nous auons permis & permettons par ces prefentes audit CAMVSAT d'imprimer, ou faire imprimer, vendre & debiter en tous les lieux de noftre obeïffance ledit liure, en telles marges, en tels caracteres, & autant de foisque bon luy semblera, durãt l'efpace de fept ans entiers & accomplis à commencer du iour qu'il fera acheué d'imprimer pour la premiere fois. Et faifons tres-ex-preffes defenfes à toutes perfonnes de quelque qualité & condition qu'elles foient, de l'imprimer, faire imprimer, vendre ny debiter durant ledit temps en aucun lieu de noftre obeyffance, fans le confentement de l'Expofant, fous pretexte d'augmentation, correction, changement de titre, fauffes marque ou autrement, en quelque forte & maniere que ce foit, à peine de mil liures d'amende, payables fans deport, & nonobftant oppofitions ou appellations quelconques par chacun des contreuenans, applicables vn tiers à Nous, vn tiers à l'Hoftel Dieu de noftre bonne ville de Paris, & l'autre tiers audit Expofant, de confifcation des exemplaires contrefaits; & de tous defpens, dommages & interefts, à condition qu'il fera mis deux exemplaires en blãc dudit liure en noftre Bibliotheque publique, & vn en celle de noftr echer & feal le Sieur SEGVIER Cheualier, Chancelier de France, auant que de les expofer en vente, à peine de nullité

des preſentes : Du contenu deſquelles nous vous man-
dons que vous faciez joüir & vſer plainemét & paiſible-
ment l'Expoſant & tous ceux qui auront droiĉt de luy,
ſans qu'il leur ſoit donné aucun trouble ny empeſche-
ment. Voulons auſſi qu'en mettant au commencement
dudit liure vn extrait des preſentes , elles ſoient tenües
pour deüement ſignifiées, & que foy y ſoit adjouſtée , &
aux copies collationnées par l'vn de nos amez & feaux
Conſeillers & Secretaires comme à l'original. Man-
dons au premier noſtre Huiſſier ou Sergent ſur ce requis
de faire pour l'execution des preſentes tous exploits ne-
ceſſaires ſans demander autre permiſſion : Car tel eſt
noſtre plaiſir , nonobſtant Clameur de Haro, Chartre
Normande , & autres lettres à ce contraires. Donné à
Paris le 20. iour de Iuillet, l'an de grace mil ſix cens
trente ſept , & de noſtre regne le vingt-huiĉtieſme.
  Par le Roy en ſon Conſeil. CONRART.

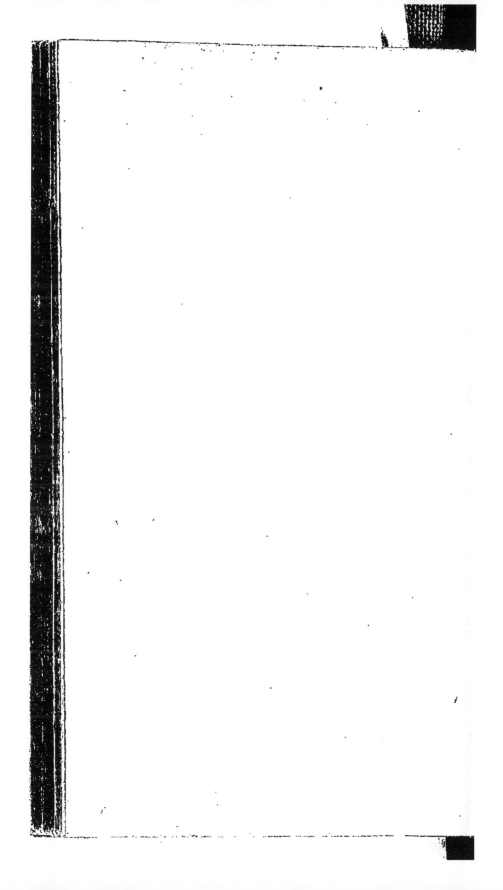